Ella será llamada "mujer"
porque fue tomada del hombre.
Génesis 2:23

Hermosa hija, aunque la mujer
fue creada última, no es la menor.
Comenzaste a imagen de Dios
y renaciste como su hija.
Sin embargo, temo que tu identidad divina
y su autoridad en tu vida estén bajo acoso.
Un enemigo antiguo espera arrebatarte
esta designación; no se lo permitas.
Cada día nos presenta la opción de escoger
valentía o cobardía.
Escoge sabiamente.
Despierta y sé la respuesta
que Dios creó que fueras.

LISA BEVERE

FEMENINO

RECLAMANDO NUESTRA IDENTIDAD DIVINA

Traducción al español por:
Belmonte Traductores
www.belmontetraductores.com

Editado por Henry Tejada Portales

LA LUCHA POR LO FEMENINO
Reclamando nuestra identidad divina

Publicado originalmente en inglés en 2024 bajo el título
The Fight for Female: Reclaiming Our Divine Identity
por Revell, una división de Baker Publishing Group
Grand Rapids, Michigan

ISBN: 979-8-88769-411-5
eBook ISBN: 979-8-88769-412-2
Impreso en los Estados Unidos de América

Whitaker House
1030 Hunt Valley Circle
New Kensington, PA 15068
www.espanolwh.com

1 2 3 4 5 6 7 8 9 10 11 32 31 30 29 28 27 26 25

Índice

Capítulo 1

Sueños, dragones e hijas

Pues Dios habla una y otra vez,
aunque la gente no lo reconozca.
Habla en sueños, en visiones nocturnas,
cuando el sueño profundo cae sobre las personas
mientras están acostadas.
Susurra a sus oídos
y las aterroriza con advertencias.
Job 33:14-16

Dios ha hablado y Dios habla. Sus palabras resuenan por toda la tierra con peso divino y propósito eterno. La pregunta es: ¿estamos escuchando?

Es mi oración urgente que en mis palabras y en la Escritura descubras su voz. No hay ni un minuto que perder. Un dragón feroz y furioso anda suelto, y se ha propuesto la destrucción de nuestras hijas. Después de nuestro caos y confusión actuales, ese dragón espera que olvidemos quiénes somos y el propósito de nuestra feminidad.

Los sueños a menudo sirven como mensajeros divinos. Nos visitan en la noche cuando el estruendo de las distracciones se silencia, y huyen de nuestros pensamientos al comenzar el día. Solo más tarde, cuando algo se dice o se ve, es cuando recordamos y pensamos: *¿Por qué esto me resulta familiar? ¿He estado aquí antes?*

Los sueños nos aconsejan mientras dormimos. ¿Quién no se ha acostado con un estado de ánimo solo para despertar con una perspectiva completamente diferente? Pero hay otros sueños... sueños que persisten hasta que los escuchamos. Creo que en este tiempo Dios está susurrando advertencias a través de los sueños.

Dios habló a José, el hijo de Jacob, mediante un sueño que más adelante significó provisión para los hijos de Israel en tiempos de hambruna. Dios se apareció a Salomón y le impartió el don de la sabiduría en un sueño. En un sueño, un ángel le dijo a José que tomara a María como su esposa. Otro sueño le indicó que huyera a Egipto para escapar de un rey asesino, y luego otro sueño le dijo que era seguro regresar a Israel tras la muerte de Herodes. El llamado macedonio de Pablo llegó a través de un sueño.

Todos soñamos, pero algunos sueños son pesadillas. He aprendido a prestar atención a esas, también, especialmente cuando la pesadilla es recurrente. Sin embargo, ¿alguna vez has soñado con dragones?

Yo sí. Hace casi una década.

En ese momento no estaba segura de lo que el sueño me estaba mostrando, pero he llegado a creer que era un mensaje para este tiempo. En ese sueño, entré en una habitación llena de mujeres de todas las edades que conversaban libremente unas con otras. Eran mujeres bien educadas, bien conectadas y bien vestidas, cuyas vidas desbordaban fuerza femenina y promesa. Sentí como si me resultaran conocidas, aunque no recuerdo a nadie en concreto. Observé desde la puerta hasta que alguien se volteó y me invitó a entrar; pero dudé, porque algo estaba terriblemente mal.

Cada mujer acunaba un bebé dragón en sus brazos.

Estos dragones tenían tonos de joya y estaban vestidos con una ridícula variedad de ropa infantil. Volantes y adornos decoraban sus serpenteantes cuellos. No pude evitar notar que sus afilados dientes flotaban peligrosamente cerca de los desprotegidos cuellos de las mujeres. Horrorizada y confundida por su familiaridad con los dragones, pregunté a esas mujeres: "¿Por qué están cargando un dragón? ¿Entienden cuán peligrosos son los dragones?".

Una mujer tras otra sonrió ante mi confusión. Intercambiaron miradas de complicidad y sacudieron la cabeza ante mi alarma. Atrajeron a sus dragones más cerca, como si los protegieran de la insensatez de mis palabras. Me aseguraron que esos dragones eran de la variedad gentil y sabia.

Sin embargo, yo sabía algo distinto.

Esos dragones no eran gentiles ni sabios; eran crueles y astutos. Eran depredadores, no mascotas. Los dragones despreciaban a las mujeres, pero estaban contentos de seguirles el juego y esperar pacientemente mientras su poder crecía en alcance y medida.

Esas serpientes sabían que yo los consideraba malvados; me miraban de reojo, y era consciente de su agresividad subyacente. Se contenían porque no les convenía atacarme o morderme en ese momento. Una mujer me animó: "Acarícialo aquí, donde la piel es suave".

Demostró cómo hacerlo, deslizando su dedo por la curva de su cuello. "¿Ves cuán lindo es? No tengas miedo".

Pero yo no tenía miedo. Estaba enojada. Incluso mientras ella hablaba, escuché el razonamiento del dragón en mi mente. *¿Qué daño habría?* —me provocaba su sedosa voz—. *Después de todo, acariciar a un dragón no es lo mismo que tener uno propio.*

Pero yo sabía que acariciar a un dragón significaría asociarme con su mentira. Cualquier apariencia de acuerdo era una contradicción con lo que yo sabía que era verdad. Sacudí la cabeza y me alejé, solo para ser confrontada por otra mujer que me invitó a tomar su dragón vestido con volantes.

"¿No es hermoso?", dijo con ternura. "Tómalo, sostenlo".

Acercó a mí su mascota, pero en lugar de sostenerla, extendí la mano y rompí el cuello del dragón.

La violencia de mi pesadilla me despertó.

Desapareció la elegante habitación llena de hermosas mujeres que cargaban dragones de colores arcoíris. Estaba sola en una oscura habitación de hotel, acostada de espaldas, con los brazos en movimiento y los puños agarrando aire. Como una persona que duerme pacíficamente de lado, me sentí completamente desorientada por este sueño que se había vuelto físico. Escribí en mi iPad las imágenes e interacciones de mi sueño y permanecí despierta hasta el amanecer, preguntándome qué acababa de suceder y qué significaba el sueño.

Había algunas cosas que estaban claras de inmediato, y otras que se hicieron evidentes más adelante.

Primero, considerar seguros a los dragones no los hace así. Las cosas que te niegas a confrontar cuando son pequeñas, tienen el potencial de convertirse en algo extremadamente amenazante más tarde. El sueño era una advertencia. Las mentiras son más vulnerables a la luz de la verdad en su inicio. Asociarse con mentiras y dragones siempre resultará peligroso. Adán y Eva descubrieron esto cuando aceptaron las mentiras de una serpiente. ¡Cuánto mayor será nuestro peligro si aceptamos las de un dragón!

El mal no es nuestro amigo. No lo protejas, no lo justifiques, no te asocies con él, y no lo mantengas cerca. El mal no tiene amor por la humanidad. El mal odia y distorsiona todo lo que el Creador ha formado. No puede haber ninguna alianza entre la luz y la oscuridad, entre el bien y el mal. Son fuerzas opuestas. No te dejes engañar. Hace mucho tiempo atrás se nos advirtió que el dragón y sus secuaces pueden disfrazarse como ángeles de luz.

¡Pero no me sorprende para nada! Aun Satanás se disfraza de ángel de luz. (2 Corintios 11:14)

La naturaleza del mal no cambia porque esté vestida con ropas de inocencia. Y, con este propósito, cada uno de nosotros debería tener cuidado con lo que "disfrazamos" o justificamos. Los dragones no pertenecen a la ropa infantil.

Los dragones ganan poder a través del robo y el engaño. Son agentes de caos y consumo. Lo único que los dragones producen son más dragones. No crean ni construyen nada que sea útil; usan su fuerza únicamente para satisfacer su apetito de devastación y destrucción.

Sin embargo, tal vez te estés preguntando: *¿Cómo puede ser esto si los dragones no son reales?*

Hay muchas cosas que no son hechos y, sin embargo, son verdad. Los dragones están intercalados en la historia de la humanidad. Un enemigo muy real ha emergido de entre las sombras. Tiene varios nombres: Lucifer, Satanás, el padre de mentira, el adversario, el diablo, el príncipe de los demonios, el maligno, Apolión, Belcebú, el engañador, el enemigo, el tentador, el príncipe de la potestad del aire, el acusador, el dios de este siglo, el gran dragón.

LOS CUENTOS DE HADAS SON MÁS QUE VERDAD; NO PORQUE NOS DIGAN QUE LOS DRAGONES EXISTEN, SINO PORQUE NOS DICEN QUE LOS DRAGONES PUEDEN SER VENCIDOS.

—NEIL GAIMAN

Él está concentrado en tu destrucción y la aniquilación de tus hijos. Está detrás de cada acto brutal contra las mujeres. Es el autor del mal que conduce al abuso sexual y la degradación, desde el secuestro hasta la trata de personas. Este enemigo no se apaciguará, y si le cedes un centímetro, no se detendrá hasta tomar un kilómetro. No hay esperanza de un tratado de paz ni opción de negociaciones. Está comprometido a despojar a las mujeres de nuestra autoridad dada por Dios y a distorsionar nuestra belleza y propósito femeninos.

Y, sin embargo, hay esperanza.

> Los cuentos de hadas son más que verdad; no porque nos digan que los dragones existen, sino porque nos dicen que los dragones pueden ser vencidos. Neil Gaiman[1]

Me preguntaba por qué no había ningún hombre en la habitación en mi sueño. Podría haber varias razones. En primer lugar, soy una mujer y ministro principalmente a mujeres; sin embargo, más allá de eso, creo que, dado que Jesús regresará a buscar una novia, las mujeres y todas las cosas relacionadas con lo femenino son un objetivo concreto y estratégico del enemigo. Está comprometido a redefinir y deconstruir el concepto de una novia.

> *Gocémonos y alegrémonos y démosle gloria; porque han llegado las bodas del Cordero, y su esposa se ha preparado. Y a ella se le ha concedido que se vista de lino fino, limpio y resplandeciente; porque el lino fino es las acciones justas de los santos.*
>
> (Apocalipsis 19:7-8, RVR-60)

Si somos sinceros, no podemos escapar al hecho de que la Iglesia se parece muy poco a la novia descrita en el libro de Apocalipsis. Trágicamente, a menudo escuchamos más acerca de los actos impuros e injustos de los santos que de los puros y justos. Y, sin embargo, no importa cuán sucios nos volvamos, nuestro Novio nos perdona cuando nos arrepentimos y cree en cosas mejores para nosotros en el futuro.

Otra pregunta curiosa del sueño: ¿cómo habían engañado esos dragones a las mujeres para que creyeran que eran mascotas? Las serpientes pocas veces son amigas de las mujeres. Una respuesta puede ser el poder cegador de la ofensa. Siempre que el pecado abunda en la Iglesia y en la cultura, abunda también una atmósfera de engaño (ver Mateo 24). En este clima es donde hombres y mujeres comienzan a verse como enemigos en lugar de aliados.

Si estás prestando un poco de atención, sabes que hay furia contra las mujeres y también furia en las mujeres. Con cada día que pasa, la hostilidad externa e interna se hace cada vez más evidente. Es imposible pasar por alto que alguna fuerza oscura y retorcida está seriamente molesta con las mujeres. Esta furia adopta muchas formas impías:

Odio
Violación
Abuso
Discriminación por edad
Control
Autolesiones
Suicidio
Pobreza
Racismo
Tensión
Divorcio
Calumnias
Violencia
Aborto
Silenciamiento
Prejuicio
Trastornos alimenticios
Distorsión
Mutilación
Pedofilia
Perversión
Acusación
Asesinato de género
Dismorfia
Minimización
Pornografía
Tráfico sexual
Desplazamiento
Cultura de la cancelación
Homosexualidad
Marginación
Sexualización de las mujeres
Misoginia (odio hacia las mujeres)
Misandria (odio hacia los hombres)

Todo lo anterior y más puede resumirse como el intento de manipular, confundir, sexualizar y eliminar a las mujeres. Pero ahora somos conscientes de quién está detrás de estos ataques. Apocalipsis 12:17 nos da una ventana para ver el porqué:

Así que el dragón se enfureció contra la mujer.

Tanto la Escritura como la cultura occidental consideran a los dragones agentes de muerte y caos. Actualmente, la obra del dragón ha desestabilizado nuestra cultura, y estamos sufriendo el trastorno de la política divisiva, el patriarcado tóxico, el feminismo desmedido, la agenda marxista, el racismo, la herejía, las ideologías de género confusas, el aumento de la brujería, el satanismo, la avaricia, las guerras, la violencia de todo tipo, las culturas de la cancelación y la celebridad, el aborto y las formas abusivas de religión.

Estas ideologías, y más, son utilizadas para desatar su furia. Lo que enfrentamos es algo inhumano y antinatural. Su malicia está entretejida con un mal más oscuro de lo que podemos definir.

Este dragón tiene un plan sistemático para deshacer la imagen divina de varón y mujer. Está impulsado por una ira ancestral conocida como enemistad, un odio tan profundo que cuanto más tiempo existe, más crece en alcance y malicia. Este concepto de enemistad se introduce por primera vez en Génesis cuando Dios se dirige a la serpiente:

Y el Señor Dios dijo a la serpiente:
"Por cuanto has hecho esto,
Maldita serás más que todos los animales,
Y más que todas las bestias del campo.
Sobre tu vientre andarás,
Y polvo comerás
Todos los días de tu vida.

Pondré enemistad
Entre tú y la mujer,
Y entre tu simiente y su simiente;
Él te herirá en la cabeza,
Y tú lo herirás en el talón". (Génesis 3:14-15, NBLA)

Es importante observar que Dios es quien puso la enemistad entre la serpiente y la mujer. Desde el principio de los tiempos, Él posicionó a la mujer y a su descendencia como parte de su plan redentor y maldijo a la serpiente y a su descendencia. Dos legados fueron puestos para siempre en oposición uno al otro. Seguramente has escuchado el término *diferencias irreconciliables*. Describe la separación de aquellos que alguna vez estuvieron juntos pero que no pueden encontrar un camino común hacia adelante. La frase se usa en casos de divorcio, para disolver afiliaciones políticas, o para dividir entidades corporativas. Las partes involucradas acuerdan estar en desacuerdo.

La enemistad es diferente. La enemistad es hostilidad irreconciliable. Nunca hubo un alineamiento; por lo tanto, nunca puede haber ningún acuerdo futuro. El único modo posible para alinearnos es si somos engañados para confundir a nuestro enemigo mortal con un amigo sabio.

Creo que la esperanza de la serpiente era que la caída de la humanidad en el Edén nos mantuviera para siempre en desacuerdo con nuestro Creador. Pero, en la cruz, Jesús cerró la brecha al tomar sobre sí mismo nuestro pecado. Cuando Jesús ocupó nuestro lugar, el dragón fue desplazado. Ahora sigue un curso diferente.

Cuando el dragón se dio cuenta de que había sido lanzado a la tierra, persiguió a la mujer que había dado a luz al hijo varón.
(Apocalipsis 12:13)

Lo que comenzó en el huerto continúa hasta hoy. Él detesta todo lo que nuestra feminidad representa. Tal vez esa sea la razón por la que los mitos antiguos incluían historias de doncellas sacrificadas para apaciguar a los dragones y calmar su ira; sin embargo, el dragón que nos amenaza no será apaciguado con las vidas de unas pocas doncellas.

Al investigar para este libro, me encontré con un artículo fascinante: "Rescatando a nuestras doncellas de la cultura de la muerte", donde Joseph Pearce dice:

> Los dragones tienen preferencia por la carne virgen de las doncellas porque no solo tienen hambre, sino que también son malvados. Desean la profanación de lo puro e inmaculado, la destrucción de la virgen. Su devorar es una desfloración. Los paralelismos con los "dragones" humanos en nuestro propio mundo no son difíciles de discernir. La guerra contra el dragón no es, por lo tanto, una guerra contra un monstruo físico... sino una batalla contra la maldad que vemos a nuestro alrededor en nuestra vida cotidiana. Todos enfrentamos nuestros dragones diarios y debemos defendernos de ellos y, con suerte, matarlos, lo cual solo es posible con la ayuda de la gracia de Dios. La aleccionadora realidad es que debemos luchar contra los dragones que encontramos en la vida o convertirnos en dragones nosotros mismos. No hay camino intermedio. En esta lucha a muerte, ninguna neutralidad es posible. O luchamos contra el dragón, o nos convertimos en el dragón.[2]

Este artículo fue escrito en 2016, el mismo año de mi sueño. Pearce también habló del pico en suicidio, abuso sexual y físico, y consumo de pornografía desde 2014. Si el aprieto de nuestras hijas era débil entonces, es horrible ahora.

La virtud es ridiculizada como vicio.
Se crean nuevas palabras y prefijos.
Se despoja a las palabras existentes de su significado original.
La biología es subjetiva, y se da prioridad a los sentimientos.
Los matrimonios son contratos en lugar de pactos sagrados.
La pornografía intenta invadir los hogares a través del internet.
Se despoja a los niños no nacidos de su derecho a la vida.
Las ideologías de género están manipulando a nuestros niños.
Los vestuarios, baños y prisiones para mujeres son espacios disputados.
Se intimida a los padres para que afirmen la identidad de género de sus hijos.
Se promueve que a los pedófilos se les llame "personas atraídas por menores".[3]
La perversión y los fetiches están siendo normalizados a un ritmo alarmante.

Y, sin embargo, de alguna manera la batalla espiritual nunca ha sido tan evidente. No es una batalla *contra* las almas de los hombres y las mujeres, sino una batalla *por* las almas de los hombres y las mujeres. Pablo hace esta distinción en Efesios 2:1-3:

> *Y él os dio vida a vosotros, cuando estabais muertos en vuestros delitos y pecados, en los cuales anduvisteis en otro tiempo según la corriente de este mundo, conforme al príncipe de la potestad del aire,* ***el espíritu que ahora opera en los hijos [e hijas] de desobediencia****, entre los cuales también todos nosotros vivimos en otro tiempo en los deseos de nuestra carne, haciendo la voluntad de la carne y de los pensamientos; y éramos por naturaleza hijos de ira, lo mismo que los demás.* (RVR-60, énfasis añadido)

Nosotros decidimos si seguimos al Dios Altísimo o al dragón, quien es "el príncipe de la potestad del aire". El espíritu del dragón primero atrapa y luego opera a través de los hijos de desobediencia.

El ataque del dragón no se detiene con nosotros; se extiende más allá para consumir a nuestros hijos. Cuando los hombres fallan, las mujeres se convierten en la última línea de defensa para los niños. Como mujeres, siempre sentiremos los ataques contra nuestros hijos de manera más íntima.

Miremos nuevamente las palabras de Dios a la serpiente en Génesis 3:15 (NBLA):

Pondré enemistad
Entre tú y la mujer,
Y entre tu simiente y su simiente;
Él te herirá en la cabeza,
Y tú lo herirás en el talón.

La mayoría de los eruditos bíblicos coinciden en que la frase "él te herirá en la cabeza" se refiere al triunfo de Jesús mediante la cruz, y la frase "tú lo herirás en el talón" hace referencia al ataque implacable del enemigo contra el cuerpo de Cristo. Vemos conflicto de nuevo en Apocalipsis 12:17:

Entonces el dragón se llenó de ira contra la mujer; y se fue a hacer guerra contra el resto de la descendencia de ella, los que guardan los mandamientos de Dios y tienen el testimonio de Jesucristo.

(RVR-60)

La "mujer" en este pasaje tiene una pluralidad de significado. Representa colectivamente a Israel, y específicamente a María; colectivamente a la Iglesia, y más exclusivamente a la Novia. Lo que el dragón odia en su totalidad, lo odia individualmente. Sabemos que la interpretación de "la mujer" no puede limitarse a Israel porque ellos (el Israel literal) no sostienen actualmente el testimonio de Jesús.

Esta lucha por lo femenino no es una lucha por los derechos de las mujeres, sino una batalla para rescatar y recuperar nuestra primogenitura divina. Lo que una generación deja pasar, la próxima lucha por recuperar. Hay batallas para que los hombres peleen y hay batallas que solo las mujeres pueden ganar. Esta es nuestra lucha y requerirá arrepentimiento, redención y rescate. Creo que estamos preparadas para la restauración y recuperación de lo que ha sido perdido, desplazado y robado de nuestra identidad femenina por décadas.

ESTA LUCHA POR LO FEMENINO NO ES UNA LUCHA POR LOS DERECHOS DE LAS MUJERES, SINO UNA BATALLA PARA RESCATAR Y RECUPERAR NUESTRA PRIMOGENITURA DIVINA.

Hemos batallado unos contra otros por demasiado tiempo, ciegos a nuestro verdadero enemigo. Nos hemos agotado luchando las batallas equivocadas y peleando contra aliados. Es el momento de declarar palabras de esperanza y vida en lugar de palabras de muerte y desesperación. No es demasiado tarde para que recordemos quiénes somos verdaderamente. Somos el enemigo del dragón.

Padre celestial,

Vengo a ti en el nombre de Jesús. Creo que nací para este momento que es a la vez aterrador y maravilloso. Gracias por confiarme el honor de ser una mujer. Muéstrame cómo ves tú la maravilla y la belleza de esta lucha para recuperar lo que ha sido perdido.

Capítulo 2

La lucha por la identidad divina

Y creó Dios al hombre a su imagen,
a imagen de Dios lo creó; varón y hembra los creó.
Génesis 1:27 (RVR-60)

Hace más de dos décadas comprendí que no era quien yo decía que era.

Cuando me casé hace más de cuarenta años atrás, descuidé la obligación legal de cambiar mi nombre. Tenía la impresión errónea de que cuando entregara mi licencia de conducir de Indiana con mi nombre de soltera en ella, y pusiera Bevere en mi nueva licencia de Texas, todo quedaría arreglado. Desde ese día en adelante, Bevere era el único apellido que usaba. Cada cheque que firmaba, cada salario que recibía, cualquier libro que escribía llevaba mi nuevo apellido. Cuando nos mudamos a Florida, entregué mi licencia de Texas suponiendo lo mismo que antes. Todo iba bien hasta que fui al Departamento de Tránsito de Tráfico (DMV por sus siglas en inglés) por mi licencia de Colorado.

Tras una espera excesivamente larga, me llamaron; sin embargo, cuando llegué al mostrador se negaron a emitir una licencia porque según sus registros Lisa Bevere no existía. Un viaje al DMV ya es desafiante en el mejor de los días, pero ese se convirtió en el peor. Les mostré mi pasaporte que tenía mi nombre de soltera y de casada entre guiones. Les aseguré que era un error; sin embargo, por lo que respectaba al DMV, yo no existía con ese nombre. Agitada, expliqué que había escrito libros, pagado impuestos, y había estado empleada con ese mismo nombre. Entregué a la mujer mi licencia de Florida con Bevere como mi apellido, pero fue inútil porque, según sus registros, ninguno de esos nombres me pertenecía.

Me alejé un poco y comencé a llorar.

Movida a compasión, la empleada dijo: "Si puedes demostrar que ese es tu nombre de soltera, te daremos una licencia".

¿Cómo iba a hacer eso? Salí del DMV, respiré profundamente, y llamé a la oficina de registros en la universidad donde había estudiado. Ellos fueron muy amables al enviarme por fax documentos que demostraban mi identidad.

Pese a cuán estresante resultó ser mi viaje al DMV, podría haber sido peor. ¿Y si hubiera olvidado quién era? ¿Y si les hubiera creído cuando decían que ninguno de esos nombres me pertenecía? Habría aceptado la pérdida de mi nombre. Pero sabía quién era yo, así que eso nunca iba a suceder. No importaba que ellos no supieran quién era yo porque nunca dudé de mi identidad.

No podía probar quién era por lo que había hecho ni por la licencia que llevaba. Querían saber mi nombre de origen. Querían que probara que era hija de mi padre. Vivir sin una consciencia innata de quiénes somos realmente podría compararse con recorrer la selva inexplorada sin una brújula. Y, sin embargo, estamos viviendo en un tiempo en el que la identidad femenina está siendo cuestionada.

Antes de que ni siquiera compartiera mi sueño con el dragón, probablemente ya sabías que algo no estaba bien. Tal vez esa sea la razón por la que estás escuchando mis palabras. Al principio la sombra del dragón era una corriente subterránea, unas pocas adiciones a nuestro lenguaje, una ligera alteración de lo que hemos conocido como mujeres. Después se convirtió en algo más que palabras e ideologías diversas; ha crecido hasta convertirse en una guerra contra las mujeres, con el significado de la feminidad bajo asedio.

Tal vez pienses que es demasiado extremo llamarlo una guerra. Que mi terminología es demasiado dura o fatalista. Si es así, lo entiendo. Pero mientras nosotros hemos vacilado y medido cuidadosamente nuestras palabras, el dragón ha escalado su ataque contra nuestros hijos.

Este libro ha sido, sin duda, el más difícil que he escrito... jamás. He luchado con las palabras hasta quedarme exhausta. Nunca he experimentado tanta guerra espiritual ni tantos desafíos físicos. Me he encontrado entre la ira y la angustia. Ya he escrito sobre la identidad antes, pero nunca el mensaje ha sido tan urgente. No es suficiente con saber *quién* eres; es esencial saber *por qué*, antes de que sea demasiado tarde.

Estoy viendo cómo la imagen y el significado de lo *femenino* y de la *mujer* está siendo sistemáticamente degradado o reducido. El enemigo quiere pervertir la imagen de lo femenino porque la mujer fue creada a imagen de Dios.

Profanamos la imagen de Dios bajo nuestro propio riesgo.

Tal vez hemos sido descuidadas porque no hemos entendido lo que significa ser portadoras de su imagen. La palabra *imagen* se usa por primera vez en Génesis 1:26:

> *Entonces dijo Dios: Hagamos al hombre a nuestra imagen, conforme a nuestra semejanza.* (RVR-60)

La palabra *imagen* aquí expresa una idea, visión, reflejo o concepto en la imaginación, así como una representación divina de tu Creador. Esto significa que eres la idea de Dios.

Tanto el varón como la mujer fueron creados de manera única para reflejar la imagen de Dios. No imagines que el hecho de que la mujer haya sido la última en ser creada la hace la menor. Lo femenino siempre fue parte de la visión divina de Dios. El propio concepto de mujer ilustra el profundo cuidado de nuestro Creador y su respuesta a nuestros anhelos. Tanto lo femenino como lo masculino quedan captados en el término *imago Dei*. Esto en sí mismo es una encomienda incomparable.

A la luz de esto, Génesis 1:27 debería desafiar nuestra autopercepción. En lugar de postrarnos ante los límites del yo o cómo nos vemos a nosotros mismos, la *imagen de Dios* es una revelación de cómo nos ve Dios. Lo femenino siempre ha tenido identidad y propósito divinos, pero el dragón quiere despojar a la humanidad de cualquier conexión divina al alentarnos a adorar lo que es menos. Romanos 1:21 nos dice:

> *Pues habiendo conocido a Dios, no le glorificaron como a Dios, ni le dieron gracias, sino que se envanecieron en sus razonamientos, y su necio corazón fue entenebrecido.* (RVR-60)

Cuando Dios no es honrado como Dios, nuestras mentes se inundan de futilidad y nuestros corazones se ennegrecen por la necedad. Nuestra historia, desde el Edén hasta la cruz, es una letanía de fracasos tras la caída: hubo un diluvio, una torre, idolatría en el desierto, luego idolatría en la tierra prometida, todo lo cual llevó a guerras y exilios. Cuando los portadores de la imagen de Dios no pecaban al adorar lo inferior, estábamos ocupados distorsionando la adoración y convirtiéndola en una colección de reglas religiosas implacables. Cada profanación distorsionaba nuestra semejanza con su imagen divina. La humanidad había perdido su camino; nos volvimos inertes, sin esperanza, mientras luchábamos en un mundo opresivo y desesperado desgarrado por la división. Debido a que perdimos nuestro camino, actuamos de maneras crueles e inhumanas.

Dios escuchó nuestra angustia y respondió con un rescate divino. En lugar de rechazarnos y apartarnos después de milenios de rebelión, Dios se acercó, y a través de la vida de su Hijo unigénito rescató a sus extraviados portadores de su imagen. ¿Por qué? Por su amor por nosotros. Sabía que todos necesitaríamos el amor de un Padre y una familia a la cual llamar nuestra. En Cristo, Él nos adoptó y nos llamó hijos e hijas.

> *Mirad cuál amor nos ha dado el Padre, para que seamos llamados hijos de Dios; por esto el mundo no nos conoce, porque no le conoció a él.* (1 Juan 3:1, RVR-60)

La profundidad de este regalo se evidencia en cómo Él nos llama: sus hijos. Toda la humanidad fue creada para reflejar la imagen de Dios, pero solo los hijos reflejan la naturaleza de su Padre. Todos son portadores de la imagen, pero no todos son hijos de Dios. Nosotros hemos llegado a ser suyos. El pasaje de 1 Juan continúa:

> *Amados, ahora somos hijos de Dios, y aún no se ha manifestado lo que hemos de ser; pero sabemos que cuando él se manifieste, seremos semejantes a él, porque le veremos tal como él es. Y todo aquel que tiene esta esperanza en él, se purifica a sí mismo, así como él es puro.* (vv. 2-3)

En la Escritura tenemos la promesa de lo que somos *ahora* y también la promesa de lo que *seremos*; somos hijos e hijas que reflejan el corazón y la naturaleza de Dios. Nuestra esperanza está en Él, y mientras buscamos a Dios, Él se revela, nos refina, nos restaura y nos transforma.

Cuando venimos a la fe, se produce un gran intercambio. Jesucristo compró nuestra libertad completa para que pudiéramos ser completamente suyos. Se nos invita a rendir nuestra nada, llena de pecado, quebrantada, sensual y centrada en nosotros mismos, a cambio de su todo glorioso. Cambiamos nuestra vida temporal y muerta por su vida eterna; nuestra voluntad propia se rinde a su voluntad divina; nuestro quebranto se sustituye por su amor sanador; y nuestros pensamientos y caminos primero se rinden y luego se elevan a los suyos. Él nos amó mucho antes de que lo conociéramos y nos eligió mucho antes de que supiéramos que teníamos una elección. Bajo el señorío de Jesús, el dominio del pecado y la oscuridad ha terminado. Ya no seguimos los dictados del yo; seguimos la guía de nuestro Rey Salvador, y el Espíritu Santo es nuestro Consejero y Guía. Dios es tu Padre, y tú eres hija del Dios Altísimo.

HIJA

Eres sellada divinamente por Aquel que te identificó como suya.
Tu identidad es hija.
Mi identidad es hija.
Tu Padre celestial está más comprometido contigo de lo que puedas imaginar.
Fuiste adoptada mucho antes de ser abandonada.
Fuiste rescatada mucho antes de estar perdida.
Fuiste conocida y predestinada para ser de Él.
La designación de *hija*...

Es mucho más íntima que niña o mujer.
Produce más plenitud que el matrimonio.
Es el abrazo de la familia.
Declara que eres *querida* y *bienvenida*.
Le dice al mundo que *perteneces*.
Reconoce que tienes un *padre*.
Susurra que tienes una *madre*.
Hija es una declaración de protección y provisión.

Las hijas son amadas. Esto es cierto, independientemente de cómo haya comenzado tu vida, y es cierto sin importar cuán difícil o confusa pueda ser tu vida ahora. Sabes esto: siempre fuiste deseada.

He tenido el honor de desempeñar muchos roles en mi vida: esposa, mamá, abuela, suegra, autora y ministra. Cada uno es un aspecto de mi vida, pero no soy yo. Nuestro mundo o nuestra cultura nos identifica por nuestros logros y responsabilidades, pero estos son funciones o roles, no son nuestra identidad. Los roles y los currículums describen lo que hacemos; nuestra identidad cuenta la historia de quiénes somos y con quiénes estamos relacionados. Lo que tengo, lo que uso, dónde vivo y lo que manejo son posesiones. En cualquier momento, todo eso puede cambiar o perderse. Si algo te puede ser arrebatado, entonces es periférico a tu identidad; por eso nadie debe permitir que sus posesiones lo definan. Solo Dios tiene el derecho de otorgar identidad. No eres lo que haces; eres lo que se hizo por ti.

Necesitamos la base de nuestra identidad divina en días llenos de caos y confusión. Fuiste creada para reflejar la imagen de Dios y después redimida para ser su hija. El Creador de todo lo que es, lo visible e invisible, te creó a ti. Él te ve, te ama, y me atrevería a decir que te necesita para que creas que fuiste tejida con un propósito divino.

Eres más que lo que haces y más que lo que has hecho.
Eres más que lo que posees y más que a quién conoces.
Eres más que lo que ves y lo que eliges mostrar a los demás.
Eres más conocida de lo que podrías entender.
Más amada de lo que puedes imaginar.
Tu identidad es un regalo divino.

Tu identidad divina incluye tu cuerpo, pero no se limita a tu cuerpo, porque obviamente eres más que tu cuerpo.

Tu identidad divina incluye tu alma, pero es más que tu alma, porque también eres cuerpo y espíritu.

Tu identidad divina incluye tu espíritu, pero no se limita a tu espíritu, porque somos seres trinos que incluimos cuerpo, alma y espíritu.

Nuestro cuerpo es nuestro marco, el alma es nuestra mente, voluntad y emociones; y nuestro espíritu es el aliento de Dios. Estos tres están íntimamente entrelazados y son sagrados. Como nos recuerda Eclesiastés: *Una cuerda triple no se corta fácilmente* (4:12).

Tal vez no sientas que cada parte de ti es sagrada. Tal vez sientas que marcada, defectuosa o imperfecta sería una descripción más precisa. Tu Creador ve más que el quebranto en tu cuerpo. Tal vez describes tu alma como disfuncional, alterada, asustada o incluso enojada. Dios ve tu alma vestida con su justicia. Tal vez crees que tu espíritu fue hecho nuevo cuando naciste de nuevo, pero todavía imaginas que lo *sagrado* es algo distante. Ese es el motivo por el cual Dios nos dio su santidad en lugar de la nuestra; y nos invita a un viaje de toda la vida de transformación en Él.

LO QUE REFLEJAMOS

Aunque nuestra visión está actualmente limitada, oscurecida y separada por el tiempo y el espacio, se acerca un día en el que estaremos plenamente vivos y conoceremos a Dios completamente. Pablo nos recuerda:

> *Ahora vemos todo de manera imperfecta, como reflejos desconcertantes, pero luego veremos todo con perfecta claridad.*
>
> (1 Corintios 13:12)

Podemos ser de visión borrosa ahora, pero te aseguro que nuestro Padre celestial no lo es. En este momento eres completamente conocida y amada. Y cada una de nosotras tiene un anhelo humano desesperado por ambas cosas. Vivimos en un tiempo de acceso casi ilimitado los unos a los otros, y sin embargo nunca ha habido un momento en el que tantas personas se hayan sentido mal comprendidas, desesperadamente desconocidas e invisibles. Incluso cuando hay una chispa o un momento de popularidad, unos pocos minutos de "fama", no podemos evitar preguntarnos si fuimos vistos o si fue una fachada que proyectamos con la esperanza de ser amadas y aceptadas.

Cuando te miras en un espejo, ¿qué ves?

¿Ves un alma atormentada por fracasos y desilusiones?

¿Ves un cuerpo que es decepcionante o, peor, un error?

¿Ves una vida impulsada por el Espíritu o gobernada por los límites de la consciencia de uno mismo? Una imagen reflejada no puede revelar más de lo que se le muestra. Y, al igual que un espejo, no puede mostrar lo que no ve.

Dios quiere ser la imagen que contemplamos, y luego la imagen que reflejamos. Cuando hacemos esto, Él nos invita a una vida de citas divinas. Como nos recuerda Salmos 34:5: *Los que a Él miraron, fueron iluminados; sus rostros jamás serán avergonzados* (NBLA).

En la preparación de este libro he acudido a la ciencia, la historia, la literatura y la Escritura. He escuchado *podcasts*, noticieros y argumentos. Comencé y dejé de escribir tantas veces, que cada capítulo se sentía como otra pieza de rompecabezas que necesitaba ser volteada para descubrir su lugar. Mi esperanza es que juntas podamos encontrar los bordes y reensamblar la hermosa imagen de lo femenino para nuestro bien; y el de nuestros hijos e hijas.

Antes mencioné la cuerda triple que compone tu identidad divina: cuerpo, alma y espíritu. Quiero que veas estos aspectos de tu vida como cuerdas tejidas divinamente, que son interdependientes y están íntimamente conectadas entre sí. Me gusta pensar en estos hilos como unidad, fortaleza y fe. Si esto es preciso, tenemos unidad en el espíritu, fortaleza en nuestro cuerpo, y el don de la fe para nuestra alma.

Estos se activan cuando tenemos una consciencia de Cristo que reemplaza los mensajes de autoconciencia que nos limitan con inseguridad, comparación y orgullo. El autocontrol inevitablemente nos llevará en la dirección de ser egocéntricas, seguras de nosotras mismas, conscientes de nosotras mismas, automotivadas, autoidentificadas, interesadas, farisaicas y autodestructivas, y al final nos llevará a vivir una vida egoísta. La autoimagen está ligada a nuestra apariencia, conversaciones, logros, educación, relaciones y posesiones. Si nos ocupamos demasiado en seleccionar una imagen proyectada, perdemos el contacto con nuestra identidad más verdadera: hijas creadas a imagen de Dios.

El tiempo y la distancia tienen una forma de erosionar nuestra consciencia de nuestro origen divino; y, sin embargo, cuando hacemos una pausa sentimos que algo falta. En el silencio escuchamos un susurro, una invitación: *Fuiste creada para más*. Una esperanza gloriosa. Una mentalidad eterna. Dios nos diseñó con un saber innato de que hay más que esta vida. Más que las cosas. Más que nuestros cuerpos. Más que nuestros logros. Este anhelo nos invita a levantar nuestra mirada. Colosenses 3:2 nos amonesta:

Piensen en las cosas del cielo, no en las de la tierra.

Luchamos cuando tenemos la mentalidad equivocada. Luchamos cuando buscamos en los lugares equivocados ese "más" divino. En lugar de buscar en los cielos la huella de nuestro Creador, nos conformamos con bajar nuestra mirada al ámbito del yo. Nos conformamos con menos cuando nos sentimos decepcionadas por las personas, decepcionadas por el gobierno y las organizaciones, decepcionadas con la religión y decepcionadas con nosotras mismas. Sin embargo, no importa cuánto tratemos de reorientarnos, actualizarnos o simplemente conformarnos con los límites del yo, el peso de la gravedad divina está sobre nosotras.

Como mujer, estás *empoderada de manera única* por Dios para llevar a cabo Sus propósitos. Tu origen fue ser portadora de la imagen; tu destino es ser hija de Dios. Es hora de luchar por tu identidad divina.

Al final de los capítulos 2 al 12 he incluido preguntas para ayudarte a reflexionar sobre cómo podría ser esta lucha por lo femenino en tu vida. Espero que te tomes el tiempo para pensar, orar y escribir tus ideas.

¿Cómo te has estado refiriendo o identificando a ti misma? ¿Te encuentras diciendo "Solo soy ______________________"?

¿Qué viene a tu mente cuando escuchas "hija de Dios"?

¿Cuál es un área en la que te gobierna tu propio control o autosuficiencia, y qué podrías rendir o intercambiar por dependencia de Cristo?

Capítulo 3

La lucha por tu espacio sagrado

Nuestro Sumo Sacerdote comprende nuestras debilidades, porque enfrentó todas y cada una de las pruebas que enfrentamos nosotros, sin embargo, él nunca pecó.
Hebreos 4:15

¿Te has preguntado alguna vez si Jesús comprende la incomodidad de ser mujer? O tal vez tu pregunta sea más profunda: ¿entiende Jesús cuán incómoda te sientes como mujer?

Mientras buscaba entender la lucha e incluso el dolor de quienes se sienten increíblemente incómodas en sus cuerpos, recurrí a la Escritura y descubrí mis respuestas.

Primero, Jesús pudo haber estado más incómodo en su forma humana de lo que cualquiera de nosotras tiene la capacidad de comprender. Filipenses nos dice:

> *Tengan la misma actitud que tuvo Cristo Jesús. Aunque era Dios, no consideró que el ser igual a Dios fuera algo a lo cual aferrarse. En cambio, renunció a sus privilegios divinos; adoptó la humilde posición de un esclavo y nació como un ser humano.*
> (Filipenses 2:5-7)

Él nos entiende porque Él se hizo como nosotras.

Imagina esto si puedes: Jesús dejó a un lado sus privilegios y su forma divina y se limitó a las restricciones y confines de nuestra carne humana. Eligió sentirse incómodo para que en Él encontráramos consuelo.

> *Si una casa está dividida contra sí misma, esa casa no podrá permanecer.* (Marcos 3:25, NBLA)

Sé que este versículo habla de reinos espirituales, pero la división disminuye la fuerza de las cosas que alguna vez fueron unidas. ¿Cuántas mujeres vivimos como casas divididas cuando se trata de nuestra forma femenina? Criticamos y maldecimos nuestros cuerpos en lugar de celebrarlos y bendecirlos. En lugar de disfrutar de la singularidad y las habilidades de nuestros cuerpos, tenemos una relación de amor-odio con nuestra forma. En poco tiempo nos encontramos habitando espacios divididos o nos sentimos prisioneras en casas desechadas. Y lo que nos decimos a nosotras mismas tiene el poder de afectar nuestros cuerpos hasta el nivel celular. La ciencia está demostrando que "muerte y vida están en poder de la lengua" (Proverbios 18:21). En su libro *Words Can Change Your Brain* [Las palabras pueden cambiar tu cerebro], el Dr. Andrew Newberg y Mark Robert Waldman escriben: "Una sola palabra tiene el poder de influir en la expresión de los genes que regulan el estrés físico y emocional".

Recuerdo el día en que mi alma y mi cuerpo se fracturaron y me convertí en una casa dividida. Llegué a la casa tras la escuela y descubrí que mi papá había llegado temprano y que tanto mi mamá como mi hermano no estaban. Mi papá era una figura intimidante. Lo saludé y me dirigí directamente a mi cuarto para hacer la tarea, pero él me llamó de regreso a la sala de estar. Sentí algo diferente en su tono de voz. ¿Era decepción? Mi mente corría a mil por hora. ¿Había hecho algo mal?

"Ven aquí", gruñó.

Me acerqué a la silla de cuero negro donde mi padre estaba sentado fumando.

"Da media vuelta". Me hizo un gesto con la mano, con el cigarro en la otra.

Obedecí con un incómodo giro de 360 grados.

Él dejó escapar un suspiro audible y negó con la cabeza. "Lisa, ¿cuánto pesas? ¡Tu trasero es enorme!".

Me quedé congelada. No tenía la menor idea. No me habían pesado desde el campamento de verano. Dije mi peso del campamento.

Mi padre respondió: "Bueno, ya no estás en el campamento. Ve y pésate, y luego regresas aquí".

¿Pesarme? ¿Eso era algo que había que hacer?

Hasta ese día solo me habían pesado para los exámenes físicos. Caminé por el pasillo hasta el baño principal de mis padres. Encendí la luz y, con duda, me subí a la báscula. Me bajé para confirmar que estaba en cero. Estaba en cero. Mi papá tenía razón; había subido casi diez kilos desde el campamento. Avergonzada, regresé con mi papá y le dije mi peso. Él dobló su periódico, lo dejó a un lado, puso su cigarro en el cenicero y me invitó a sentarme. Me incliné para lo que sabía que iba a ser una conversación seria.

"Lisa, eso es demasiado. Estás gorda. Nadie querrá salir contigo. Tienes que hacer algo al respecto".

Asentí, y eso fue todo. Él recogió su cigarro y su periódico, y me despidió.

Mientras caminaba hacia mi cuarto, me preguntaba: *¿Cómo no me di cuenta de esto? ¿Acaso otras personas pensaban que estaba gorda? ¿Por eso el chico que ni siquiera me gustaba rompió conmigo?* Cerré la puerta de mi cuarto, bajé las persianas y rápidamente me quité la ropa, quedándome solo con el sujetador y la ropa interior. Subí a la cama para poder ver el reflejo de mi cuerpo en el espejo de la cómoda. Me horrorizó lo que vi. ¿Cómo había pasado eso? Odiaba mi reflejo sin cabeza, marcado por los pliegues alrededor de mi cintura y las impresiones de las costuras en mis muslos por unos jeans que me quedaban demasiado apretados. En ese momento mi cuerpo se convirtió en un enemigo. Pronuncié palabras llenas de odio y amenacé la imagen hinchada en el espejo. Me convertí en una casa dividida.

En la cena comí la mitad de lo que normalmente comería, bajo la mirada vigilante de mi papá. Después de la cena me puse el conjunto de la selección de natación y corrí por la nieve hasta que mis pulmones me dolieron. Comencé a esconder las revistas de moda de mi mamá en mi cuarto. Tal vez estas mujeres increíblemente bellas en las páginas brillantes tenían la respuesta al dilema de mi cuerpo. Pero en lugar de darme consuelo o consejo, sus cuerpos esbeltos y sus caras perfectas se burlaban de mí. Me convertí en su discípula dispuesta, lista para probar cualquier dieta de moda o ejercicio que presentaran, y fui recompensada. El peso desapareció. Mi papá afirmó mis esfuerzos. De repente, me observaban. Los muchachos me invitaban a salir. Entonces comencé a sacar conclusiones poco saludables:

> Las mujeres delgadas son dignas de amor y atención.
> Las mujeres delgadas tienen el control de sus vidas.
> Las mujeres delgadas son exitosas.

Yo tenía quince años.

La brecha que comenzó ese día se amplió hasta que mi peso controló mi vida en la universidad. Fueron siete años de locura antes de que experimentara sanidad a los veintidós años. Si esa fue mi reacción a un encuentro único y personal, ¡imagina lo que nuestras hijas y otras jóvenes están luchando ahora!

La imagen ha ido más allá de las fotos en papel brillante. Las imágenes con las que luchan las mujeres están vivas, y no hay escapatoria porque están en nuestras manos. Cada día las imágenes con filtro nos hablan, recordándonos lo que nos falta. No estoy en contra de usar filtros; yo misma los he usado en días de mala iluminación o cuando tengo poco maquillaje. De lo que estoy en contra es de las expectativas poco realistas que nos imponen. Recuerdo cuando Instagram era una manera de mantenerme al tanto de mis amistades y de alentar a otras. Ahora es un ámbito donde nos comparamos con todo el mundo.

El innovador libro de Abigail Shrier, *Irreversible Damage* [Daño irreversible] expuso los peligros inherentes vinculados a una dieta constante de comparación e ideologías de género distorsionadas.

> Casi todos los problemas nuevos que enfrentan los adolescentes se remontan a 2007, cuando Steve Jobs presentó el iPhone. De hecho, la explosión en la autolesión puede ser tan precisamente atribuida a la introducción de este único dispositivo que los investigadores no tienen dudas de que es la causa... La explosión estadística de acoso, cortes, anorexia, depresión y el aumento repentino de identificación transgénero se debe a la instrucción de autolesión, manipulación, abuso y acoso implacable proporcionados por un solo teléfono inteligente.[2]

Y estos problemas solo han empeorado desde que su libro fue publicado. Muchas de estas tendencias han alcanzado proporciones epidémicas. Y las mujeres cristianas están lejos de estar exentas. Experimentan las mismas luchas, a menudo acompañadas de una gran carga de vergüenza religiosa. Es poco probable que defiendas o celebres algo que te han dicho que es pecaminoso o carnal; sin embargo, el cuerpo de una mujer no es ni lo uno ni lo otro.

NO ES LO SEGUNDO MEJOR

Lo femenino no es una ocurrencia tardía, una segunda opción ni una versión inferior. La mujer fue el gran final de la creación. Jesús se refiere a la Iglesia como su amada esposa. Los hombres no están más redimidos que las mujeres. Gálatas 3:28 nos dice:

> *Ya no hay judío ni gentil, esclavo ni libre, hombre ni mujer, porque todos ustedes son uno en Cristo Jesús.*

Jesús ha hecho todas las cosas nuevas y ha sanado la brecha entre el varón y la mujer al hacernos a todos uno; sin embargo, para ser claros, *uno* no significa "igual". Y dado que tú no eres una idea secundaria, tu cuerpo femenino no es una idea secundaria.

LO FEMENINO NO ES UNA OCURRENCIA TARDÍA, UNA SEGUNDA OPCIÓN NI UNA VERSIÓN INFERIOR. LA MUJER FUE EL GRAN FINAL DE LA CREACIÓN.

Nuestros cuerpos femeninos están divinamente alineados para glorificar a Dios; sin embargo, el enemigo de nuestras almas es también el enemigo de nuestros cuerpos. Él distorsiona la imagen de la forma de nuestro cuerpo porque aborrece el potencial de la función de nuestro cuerpo. Le encanta sexualizar y avergonzar la forma femenina al mismo tiempo. Y en cierto modo nuestro silencio ha permitido esta degradación de nuestra forma femenina por parte de nuestra cultura actual. De otras maneras hemos sido participantes. Si dejáramos de comprar los productos, cantar las canciones y vestir la ropa que disminuye nuestra imagen divina, las cosas cambiarían. Tal vez hemos permitido que esto suceda porque olvidamos que nuestros cuerpos son sagrados e imaginamos que la seducción era nuestra única opción.

> *¡Te alabo porque soy una creación admirable! ¡Tus obras son maravillosas y esto lo sé muy bien!* (Salmos 139:14, NVI)

¿*Realmente* has meditado en esta revelación? Necesito que te tomes un tiempo para reflexionar sobre estas palabras para que comprendas lo que significa conocer la maravilla de tu cuerpo "por completo". Los cuerpos masculinos y los femeninos están tejidos de manera única y son sagrados. En mi experiencia como madre de cuatro hijos y suegra de cuatro hijas, esta comprensión suele ser más fácil para los hombres. Rara veces cuestionan la maravilla de sus cuerpos. Las mujeres son mucho más críticas con sus cuerpos y les resulta más difícil aceptar cualquier revelación de su maravilla. Trágicamente, tanto la confusión cultural como las distorsiones religiosas han dado a las mujeres innumerables razones para creer lo contrario. Está bien luchar con preguntas, siempre y cuando no permitamos que esas dudas nos hagan cuestionar el amor de Dios.

Vamos a explorar este concepto a un nivel más profundo y personal desde una perspectiva femenina. El salmista no tenía ningún problema para reconocer la obra creativa de Dios reflejada en sí mismo. La versión *The Message* expresa las palabras de David en Salmos 136:14 de este modo:

> *Sí, tú me diste forma en el interior, y después en el exterior;*
> *tú me formaste en el vientre de mi madre.*
> *Te doy gracias, Dios Altísimo, ¡eres asombroso!*
> *Cuerpo y alma, ¡he sido creado maravillosamente!*
> *Te doy mi adoración, ¡qué creación!*
>
> (Traducción libre)

¿Crees esto? ¿Que Dios te formó maravillosamente con un propósito desde dentro hacia afuera? Eso espero. Y, sin embargo, muchas veces nos medimos al contrario: desde afuera hacia dentro. Escucha: fuiste amada y deseada cuando tu presencia era solo un suspiro, un susurro, una mera sombra de lo que ahora es tu vida. Fuiste amada y anhelada en el santuario del vientre de tu madre. Sí. Incluso si tu madre no te quería, tu Padre estaba tejiendo magistralmente tu cuerpo y tu alma. Tristemente, las mujeres separan su alma de su cuerpo, y de manera errónea imaginan que solo el alma humana es la que Dios ama. Pero eso es una mentira. Esta mentira ha contribuido a nuestro estado actual de confusión corporal. Esta mentalidad de amar una parte y despreciar la otra va desgastando la conexión íntima entre cuerpo y alma. Al enemigo le encanta explotar esta fisura.

Tal vez cuando has leído este salmo en el pasado, lo has apartado mentalmente. Piensas que es un versículo destinado a los varones. O si te atreviste a creer que esta revelación maravillosa era para ti... lo viste como una promesa demorada, algo para algún día, en algún momento. Un día, cuando pierdas peso, hagas ejercicio regularmente, y encajes en tu ropa preembarazo (siéntete libre de insertar tus términos descalificadores personales aquí), entonces abrazarás estas palabras como propias. Pero, por ahora, el concepto de saber *muy bien* se escapa a tu comprensión. Te reto a aceptarlo ahora; si no por ti misma, hazlo por el bien de tus hijas.

Me entristece que muchas mujeres crean que Dios no estuvo íntimamente involucrado en su creación. Imaginan que su cuerpo está desalineado o mal formado. Para algunas, el dolor es aún más profundo. Aborrecen su cuerpo femenino. No ven la maravilla; solamente ven vulnerabilidades y limitaciones. Tal vez alguien violó tu cuerpo, y ahora tu cuerpo y tu alma se sienten fracturados. Hay muchas razones por las que tu cuerpo podría sentirse como una prisión de la que anhelas escapar. Nuestro Señor entiende todas esas cosas. Por favor, has de saber que no estás sola en tu lucha, y aunque yo nunca luché con la disforia de género, durante un buen tiempo ciertamente no estaba contenta de haber nacido niña. Aún más después de convertirme en cristiana.

ERES AMADA. AQUÍ Y AHORA, AMADA. NO ALGÚN DÍA; ERES AMADA AHORA. SU AMOR ES LO QUE NOS HACE SANTAS Y COMPLETAS.

Si escapas de la trampa del pecado, el enemigo buscará atraparte en la esclavitud de la religión. El dragón quiere que saltemos de un pozo a otro en un intento por atarnos a los mismos ámbitos de los que Jesús murió para liberarnos. Quiere que estemos dominadas por nuestra carne o que nuestra carne sea dominada por el legalismo. No quiere que seamos hijas libres del Espíritu; quiere atraparnos con las pasiones o debilidades de nuestra carne. Por muchos años clamé angustiada hasta que experimenté la expresión única y tierna del amor que Dios reserva para sus hijas y el llamado íntimo de Jesús a su novia. Hermosa hija, está en paz. Tu Creador quiere devolverte a un lugar de libertad y plenitud.

Mirémonos nuevamente a nosotras mismas con ojos nuevos. Deja de lado toda la imagen y las voces que transmiten y gritan comparaciones perpetuas. Las mismas que siempre te recuerdan lo que no eres. Transmitiendo constantemente: *Haz esto, compra aquello, porque no eres lo suficientemente delgada, fuerte, joven, bonita, deseada, exitosa, rica, de moda o sexy.*

Y no, no voy a decir que eres más que suficiente, pero sí voy a decir que eres digna de admiración y digna de su amor. No por nada de lo que hayas hecho, sino por lo que Él ha hecho.

Ser una creación admirable y maravillosa no se trata de nuestra imagen o nuestros sentimientos. No tiene nada que ver con dónde vivimos, qué auto manejamos o lo que poseemos. Somos de forma admirable, maravillosa y única amadas como mujeres. No tenemos rival porque el Dios Altísimo es nuestro padre, y somos las herederas de Aquel que no tiene igual. Somos hijas más allá de toda comparación. Tu cuerpo es obra de Él. Entiendo que puede que no te sientas de ese modo contigo misma en cualquier día dado, a cualquier edad, o en cualquier situación o temporada de la vida. El Salmo 139 no habla de tus sentimientos; es cómo te hizo tu Creador y cómo se siente con respecto a ti.

Eres amada. Aquí y ahora, amada. No algún día; eres amada ahora. Su amor es lo que nos hace santas y completas.

CREADA CON INTENCIÓN

Tu cuerpo es la maravillosa obra de un Creador intencional. David se deleitó en la maravilla de la obra *de Dios*. Vivió en una continua revelación de la creación y de la maravilla de su Creador. Para la mayoría de nosotras, eso se queda allí. Vemos la maravilla en las estrellas, las montañas, el océano y la naturaleza. Vemos la maravilla en los niños. Percibes la maravilla en tus amigos; pero ¿ves esa maravilla en una versión sin filtros de ti misma? Tanto los varones como las mujeres fuimos creados a imagen de Dios, y luego nos convertimos en los hijos de Dios. Permite que esto penetre profundamente. Comenzamos como un reflejo y ahora somos su descendencia. Fuimos creados por Él y para Él.

> *Por lo tanto, hermanos, tomando en cuenta la misericordia de Dios, ruego que cada uno de ustedes, en adoración espiritual, ofrezca su cuerpo como sacrificio vivo, santo y agradable a Dios.* (Romanos 12:1, NVI)

En el pasado he enfatizado el concepto de un sacrificio vivo, descuidando la realidad de que en Cristo mi forma es santa y aceptable. Mediante la cruz se hicieron intercambios: lo profano se volvió santo, lo que antes era rechazado se volvió aceptable, y quienes estaban alejados de la vida de Dios se convirtieron en copartícipes de su naturaleza divina. Él murió para que pudiéramos vivir para Él, no en parte sino completamente.

Su muerte nos dio vida. Nuestra obediencia permite que lo que Jesús hizo cobre expresión en nuestras vidas y por medio de ellas. Su sacrificio nos hizo sagradas; pero si desprecio mi cuerpo, ¿cómo puede ser alguna vez un vehículo de adoración? Si Dios llama a mi cuerpo santo y aceptable, ¿quién soy yo para llamarlo completamente inaceptable? Cambiar la forma en que vemos nuestros cuerpos comienza renovando nuestra mente.

> *No se amolden al mundo actual, sino sean transformados mediante la renovación de su mente. Así podrán comprobar cómo es la voluntad de Dios: buena, agradable y perfecta.*
>
> (Romanos 12:2, NVI)

Renovar nuestra mente significa mirar cada aspecto de nuestra vida como formado por Dios y maravilloso. Donde hay falta de asombro, hay un ambiente de carencia. Falta de curiosidad, alegría, cuidado, fortaleza y tiempo. Mis cuatro momentos más grandes de asombro fueron cuando nacieron mis hijos. Nunca me sentí más empoderada que después de dar a luz. Me asombraba la maravilla de mi cuerpo y de cada pequeña vida que sostuve en mis brazos, y a mi esposo también. Podría argumentarse que las mujeres son creadas aún más admirable y maravillosamente que los varones. David era un guerrero que quitó miles de vidas, pero nunca dio vida. Las mujeres son guerreras por la vida.

En lugar de perder tiempo preocupándonos por lo que no somos, invitemos a Dios a cada área de nuestra vida tal como es ahora. El comentario de N. T. Wright sobre estos pasajes nos ayuda a establecer esta conexión:

> Para Pablo, la mente y el cuerpo están estrechamente interconectados y deben trabajar como un equipo coherente. Tener la mente renovada y ofrecerle a Dios nuestro cuerpo (v. 1) son parte del mismo evento completo. Aquí, Pablo utiliza una idea gráfica e impactante: todo el ser (eso es lo que Pablo quiere decir con "cuerpo") debe ser entregado en el altar como un sacrificio en el Templo. La gran diferencia es que mientras que el sacrificio está allí para morir, la entrega del ser cristiano significa estar verdaderamente vivos con la nueva vida que brota de maneras inesperadas, una vez que se ha dado muerte a las malas obras del yo.[3]

¿Por qué no dejar que su vida dentro de nosotras brote y toque las vidas de los demás de maneras inesperadas?

ÉL ES LA RESPUESTA A LAS PREGUNTAS DIFÍCILES

No hace mucho tiempo, una hermosa mujer y amiga me hizo una pregunta sincera: "¿Qué le diría Jesús a mi amiga que cree que nació en el cuerpo equivocado?".

Respiré profundamente antes de responder. Entonces dije: "Creo que, primero, Él afirmaría su amor por ella".

Mi amiga asintió. Y continué: "También creo que Él le diría: 'No eres un error, pero entiendo tu incomodidad.' Luego le explicaría que este mundo no es su hogar y que nunca se sentirá completamente cómoda aquí porque fue hecha para la eternidad".

Anhelamos más porque fuimos creadas para más. Luchamos contra el envejecimiento y la muerte porque fuimos creadas para la vida eterna. Por más maravillosos que sean nuestros cuerpos, son apenas la forma inicial de lo que algún día serán. Pablo lo explicó de esta manera en 1 Corintios 15:42-44 (NVI):

> *Así sucederá también con la resurrección de los muertos. Lo que se siembra en corrupción resucita en incorrupción; lo que se siembra en deshonra resucita en gloria; lo que se siembra en debilidad resucita en poder; se siembra un cuerpo natural y resucita un cuerpo espiritual. Si hay un cuerpo natural, también hay un cuerpo espiritual.*

Podrías pensarlo de este modo: si nunca hubieras visto un tomate o una planta de tomate, ¿podrías imaginar cualquiera de ellos simplemente mirando una pequeña semilla de tomate, sin color y con una forma extraña? Esa semilla diminuta no tendría modo de decirte lo que hay en su interior; y, sin embargo, dado el entorno adecuado, esa semilla de tomate explotará de color y sabor. Nosotros somos igual. En este momento somos meramente semillas a la espera de que el entorno adecuado revele lo que un día seremos. Pablo continúa diciendo:

> *Así está escrito: «El primer hombre, Adán, se convirtió en un ser viviente»; el último Adán [Jesús], en el Espíritu que da vida. No vino primero lo espiritual, sino lo natural y después lo espiritual. El primer hombre era del polvo de la tierra; el segundo hombre, del cielo.* (vv. 45-47, NVI)

Por ahora somos polvo y semillas, nacidos de la tierra y nacidos de nuevo para renacer en el cielo. ¿Por qué pensaríamos que nuestro estado de polvo y semilla sería cómodo cuando sentimos que hay mucho más esperando dentro de nosotros? Estamos en un estado de contención agitada. Estamos en la tensión de quiénes somos y quiénes seremos para siempre. La semilla de nuestro "más" no se realizará hasta que Él aparezca.

Sin embargo, el dragón miente y dice: *Esta vida es todo lo que habrá. Sé tu propio dios.* El enemigo quiere que una generación de hijos e hijas imagine que *su formación fue un error.* Si puede hacer que crean esta mentira, ¿cómo podrán confiar en un Creador equivocado con la medida más grande de su transformación? Al torcer la verdad, el enemigo quiere que dudemos de Aquel que es la verdad. C. S. Lewis escribió:

> Una criatura que se rebela contra un creador se subleva contra la fuente de sus propios poderes, incluyendo su poder para sublevarse... Es como el aroma de una flor tratando de destruir la flor.[4]

Para entender esta cita de Lewis en su sentido más profundo, nuestro papel en esta declaración requiere más claridad. Nosotros somos la criatura, no el Creador, y como tal, encajamos en la categoría de aquellos que son empoderados en lugar de Aquel que es todo poder. Somos el aroma, el vapor fragante de una flor, pero no la flor.

Esta comparación captura la disparidad entre Aquel que crea magnificencia de la nada y aquellos que Él creó. Piénsalo: sin su don del libre albedrío, incluso la rebelión sería imposible. Y, sin embargo, seguimos rebelándonos y nos encontramos cegados a la razón. El profeta Isaías describió nuestra fragilidad de esta manera:

> *Una voz dijo: «¡Grita!».*
> *Y yo pregunté: «¿Qué debo gritar?».*
> *«Grita que los seres humanos son como la hierba.*
> *Su belleza se desvanece tan rápido*
> *como las flores en un campo.*
> *La hierba se seca y las flores se marchitan*
> *bajo el aliento del Señor.*
> *Y así sucede también con los seres humanos.*
> *La hierba se seca y las flores se marchitan,*
> *pero la palabra de nuestro Dios permanece para siempre».*
> (Isaías 40:6-8)

El aliento de la Palabra de Dios no puede marchitarse. Santiago se hizo eco de la brevedad de nuestros días con esta reflexión:

> *¿Qué es su vida? Ustedes son como la niebla que aparece por un momento y luego se desvanece.* (Santiago 4:14, NVI)

A la luz de la eternidad, somos una fragancia fugaz, un aroma que desaparece solo para reaparecer en la eternidad. Las palabras de C. S. Lewis reflejan los antiguos lamentos del profeta Isaías:

> *¡Qué equivocación la suya!*
> *¿Es acaso el alfarero igual que el barro,*
> *Para que lo que está hecho diga a su hacedor: «Él no me hizo»;*
> *O lo que está formado diga al que lo formó: «Él no tiene entendimiento»?* (Isaías 29:16, NBLA)

De tantas maneras y en tantos frentes, nuestra cosmovisión ha volteado la perspectiva de lo sagrado. ¿Acaso el barro le dice al artesano: "Tú no me hiciste", o le dice al creador: "No sabías lo que estabas haciendo"? Isaías es mi profeta favorito, ¡pero ha arrojado los guantes en estos versículos! Por medio de él, el Señor está exponiendo la ruptura entre lo creado y el Creador. Parafraseado, podría leerse: "Ustedes son los que están en mis manos. Yo no estoy en las suyas". Somos idea de Él. Me temo que hayamos aceptado nuevamente este razonamiento invertido. En Isaías 45:9 (NBLA) el profeta aborda nuevamente el tema:

> *¡Ay del que contiende con su Hacedor!*
> *¡El tiesto entre los tiestos de tierra!*
> *¿Dirá el barro al alfarero: "Qué haces"?*
> *¿O tu obra dirá: "Él no tiene manos"?*

¡La palabra *¡ay!* debería servirnos de advertencia a todos nosotros! Es hora de detenernos y volver a la razón.

En su excelente libro *Love Thy Body* [Ama tu cuerpo], Nancy Pearcey comenta sobre esta misma idea:

> ¿Por qué se considera aceptable cortar el cuerpo de una persona para que coincida con su sentido interno del yo, pero se considera un acto de odio ayudarle a cambiar su sentido del yo para que coincida con su cuerpo? Los sentimientos pueden cambiar, pero el cuerpo es un hecho observable que no cambia. Tiene sentido tratarlo como un marcador confiable de identidad sexual.[5]

NUNCA ESTARÁS MÁS SEGURA QUE CUANDO CRISTO ES TU REFUGIO.

Esta es una pregunta importante que debemos responder. ¿No es acaso luchar contra nuestro Creador cuando exigimos que nuestros sentimientos y nuestra autopercepción tengan prioridad sobre su divina formación? ¿Queremos continuar con la destrucción de la división separando el género de nuestro sexo biológico? Sí, hay desafíos muy reales que debemos enfrentar en nuestro mundo altamente sexualizado e invasivo. Sí, debemos amar a las personas sin importar lo que elijan hacer con su cuerpo. Sí, Dios ama a las personas sin importar las decisiones que tomen; pero ¿no ves la sombra del dragón detrás de esto?

Él susurra mentiras: *La vida será mejor, estarás más segura, serás más amada si cambias.* Lo que no quiere que sepas es que la vida no es fácil; es eterna. No tienes que cambiar para ser amada; ya eres amada, y nunca estarás más segura que cuando Cristo es tu refugio.

Él nos ve de la manera como seremos algún día: transformadas y completamente renovadas.

Yo soy una mamá y abuela imperfecta y con defectos; sin embargo, mi corazón sigue dando un vuelco cuando veo a mis hijos o a mis nietos. Los amo. Quiero lo mejor para ellos. Veo lo mejor en ellos. Si yo me siento así, ¿cuánto más lo hará nuestro Padre celestial, quien es amor?

¿De qué maneras has vivido como una casa dividida?

¿Qué parte de tu cuerpo femenino te avergüenza?

¿Puedes señalar un momento cuando se produjo esa división?

¿Qué es algo que puedes hacer para reconectar con tu cuerpo, para verlo como un espacio sagrado creado por Dios?

Capítulo 4

La lucha en el ámbito del Espíritu

Cuando un enemigo no quiere otra cosa sino tu derrota y aniquilación, la neutralidad significa escoger la muerte.
—Dr. Michael Heiser

El ámbito demoniaco es real. Aquello con lo que luchamos en el ámbito natural será ganado en el ámbito espiritual.

Antes de que John y yo nos casáramos, regresé a casa por unos meses para prepararme para nuestra boda, pero la opresión en la casa de mis padres era abrumadora. La atmósfera de la casa parecía impregnada por una sensación de desesperanza. Había noches en las que me despertaba repentinamente de un sueño profundo, con una presencia invisible empujándome hacia la cama. Me sentía ahogada cuando trataba de invocar el nombre de Jesús. Oía: *Silencio, no puedes decir ese nombre. No eres digna.*

Sin embargo, sabía que era una mentira. En el momento en que susurré: "¡Jesús!", cada rastro de lo maligno desapareció. Hay una autoridad innegable en el nombre de Jesús. Y los creyentes no tienen que ganarse el derecho a usar su nombre; fue dado gratuitamente a quienes lo conocen.

> *Miren, les he dado autoridad para pisotear sobre serpientes y escorpiones, y sobre todo el poder del enemigo, y nada les hará daño.* (Lucas 10:19, NBLA)

El énfasis aquí está en la autoridad dada por Dios en lugar de los encuentros con la maldad. No hay ninguna necesidad de agarrar serpientes o danzar sobre escorpiones cuando la maldad podría estar tan cerca como el teléfono que tienes en tus manos. Para luchar contra el mal debemos conocer la Palabra y caminar en la autoridad del Espíritu Santo. El Espíritu Santo es Señor sobre los dones del Espíritu. Primera de Corintios 12:7-11 nos dice:

> *A cada uno de nosotros se nos da un don espiritual para que nos ayudemos mutuamente. A uno el Espíritu le da la capacidad de dar* ***consejos sabios****; a otro el mismo Espíritu le da un mensaje de* ***conocimiento especial****. A otro el mismo Espíritu le da* ***gran fe*** *y a alguien más ese único Espíritu le da el* ***don de sanidad****. A uno le da el* ***poder para hacer milagros*** *y a otro,* ***la capacidad de profetizar****. A alguien más le da* ***la capacidad de discernir si un mensaje es del Espíritu de Dios o de otro espíritu****. Todavía a otro se le da* ***la capacidad de hablar en idiomas desconocidos*** *mientras que a otro se le da la* ***capacidad de interpretar*** *lo que se está diciendo. Es el mismo y único Espíritu quien distribuye todos esos dones. Solamente él decide qué don cada uno debe tener.* (Enfasis añadido)

Quiero destacar algunas cosas. En primer lugar, cada uno de nosotros tiene un don espiritual. A continuación, el propósito de los dones es ayudar a los demás. Si no es útil para otras personas, probablemente no provenga del Espíritu Santo. Destaqué en negrita algunos de estos dones del Espíritu: consejos sabios, conocimiento especial, gran fe, don de sanidad, poder para hacer milagros, la capacidad de profetizar, la capacidad de discernir si un mensaje es del Espíritu de Dios o de otro espíritu, la capacidad de hablar en idiomas desconocidos, y la capacidad de interpretar esos idiomas. Esa es la lista.

Respóndeme sinceramente: ¿sería útil hoy alguno de estos dones? ¡Sin duda creo que sí! Todos podríamos usar un poco más de la mayoría de ellos en nuestras vidas. ¡Necesitamos desesperadamente sabiduría, conocimiento especial y sanidad! Estos tres serían extraordinarios. Veo a algunas personas actuando en sus dones, pero necesitamos ver a más personas empoderadas por el Espíritu Santo. Y estos dones no deberían limitarse únicamente a reuniones; deberían practicarse y manifestarse en nuestra vida diaria. Dondequiera que vayas, la gente necesita ánimo y dirección.

Creo que el problema surge cuando la Iglesia enfatiza el don en lugar de su propósito. Entiendo que muchas iglesias pueden no enseñar sobre estos dones o no capacitar a las personas en cómo administrar el don para servir a otros creyentes, pero las personas que han administrado fielmente su don han marcado una gran diferencia en mi vida. Te desafío a orar y preguntar a Dios qué don tiene el Espíritu Santo para ti, para que puedas ayudar a otros. Luego, ora y recíbelo.

UN ESPÍRITU DISCERNIDOR

El séptimo año de nuestro matrimonio fue una temporada extremadamente tensa. John estaba sirviendo como pastor de jóvenes y universitarios en una iglesia, pero alguien en el liderazgo quería que se fuera. Sentíamos que cada semana estaba a punto de ser despedido. Teníamos dos niños pequeños, y yo me encontraba bajo una cantidad enorme de estrés. Le preguntaba a John: "¿No te preocupa tu trabajo?".

Sin embargo, John se negaba a quedar atrapado en mi torbellino de preocupación. Y yo me preocupaba lo suficiente por ambos. ¿Por qué mi esposo tenía esos problemas? Teníamos un grupo de discipulado dentro de nuestro grupo de jóvenes al que le pedíamos que leyera su Biblia, orara diariamente y evitara las películas clasificadas para adultos. Y a uno de los padres que tenía poder para despedir a John no le gustaba esto.

Una noche, cuando las cosas estaban en su peor momento, me desperté de un sueño profundo. Pensé que nuestro hijo pequeño se había movido. Me levanté de la cama para comprobarlo, pero él dormía profundamente en su cuna. Era mitad de la noche, pero yo me sentía extrañamente despierta y alerta, y sentí un llamado a la oración.

Entré en nuestra sala familiar iluminada por la luz de la luna. Recorrí la habitación, orando en voz baja tal como me sentía guiada por el Espíritu. No pasó mucho tiempo antes de que mis oraciones se volvieran apasionadas. Estaba cansada de ese ataque contra nuestra familia, pero no sabía exactamente a qué nos enfrentábamos. Le pedí al Espíritu Santo que me diera entendimiento y continué orando mientras caminaba por la habitación. Sentí un cambio en la atmósfera y supe que no estaba sola. Abrí los ojos y vi la aparición de una mujer gigantesca en nuestro vestíbulo de dos pisos. Parecía un holograma, como una mezcla entre Cleopatra y una amazona. Era ferozmente hermosa y fuerte, pero también estaba enojada; sin embargo, en ese momento no sentí miedo. Ella no se movió ni habló; yo estaba viendo una revelación de lo que estábamos enfrentando: el discernimiento de espíritus (ver 1 Corintios 12:10). Pronuncié el nombre que vino a mi mente.

"Es Jezabel", susurré. "Estamos luchando contra un espíritu de Jezabel".

Estábamos en guerra contra un espíritu gobernante que aborrece el arrepentimiento. Seguí caminando y orando hasta que sentí una liberación. Cuando volví a mirar, la imagen había desaparecido y yo estaba sola. Me metí nuevamente en la cama y me quedé dormida.

A la mañana siguiente, mientras reflexionaba sobre lo que había sucedido la noche anterior, sentí al Espíritu Santo diciendo: *Renuncia a cualquier afinidad que tengas hacia este espíritu.*

Oré y le pedí al Espíritu Santo que me revelara de qué manera podía haber sido enredada por él. Admití que me sentía atraída por su fuerza pero repelida por su odio. Renuncié a esa atracción. Casi como un pensamiento secundario, le pedí a Dios: "Muéstrame de qué maneras he adoptado sus prácticas".

De inmediato recordé la interacción de Jezabel con Acab en 1 Reyes 21. Acab estaba deprimido porque su vecino no le vendió el viñedo familiar para que él pudiera plantar un huerto cerca de su palacio. Pero Nabot le dijo a Acab:

> *El Señor me libre de entregar la herencia que me dejaron mis antepasados.* (v. 3)

Acab regresó a su casa tan silencioso y enojado que se negó a comer.

> *¿Acaso no eres tú el rey de Israel? —preguntó Jezabel—. Levántate y come algo, no te preocupes por eso. ¡Yo te conseguiré el viñedo de Nabot!* (v. 7)

Jezabel ideó un plan para robar la tierra para su esposo, abusando de su autoridad.

> *Entonces ella escribió cartas en nombre de Acab, las selló con el sello del rey y las envió a los ancianos y a los demás líderes de la ciudad donde vivía Nabot. En esas cartas daba la siguiente orden: «Convoquen a todos los ciudadanos a que se reúnan para tener un tiempo de ayuno y denle a Nabot un lugar de honor. Luego, sienten a dos sinvergüenzas frente a él que lo acusen de maldecir a Dios y al rey. Después sáquenlo y mátenlo a pedradas».* (vv. 8-10)

El hombre fue falsamente acusado, injustamente asesinado, y Acab tomó posesión de la tierra para su huerto.

Al principio, no veía conexión alguna entre mi persona y esta reina que robó, mintió y asesinó a un hombre inocente por un jardín. Yo no estaba detrás del viñedo de mi vecino... pero había una carta. Una que yo había escrito en nombre de John. Quería sacar a la luz el ambiente laboral tóxico. Era momento de que las mentiras, intrigas, amenazas y manipulaciones terminaran. El pastor principal necesitaba saber lo que estaba ocurriendo y abordarlo. Si John no estaba dispuesto a hacerlo, lo haría yo por el bien de nuestra familia (lo cual, en retrospectiva, ¡habría asegurado que despidieran a John!).

Escuché al Espíritu Santo reprenderme: *Estoy haciendo una obra profunda en tu esposo, y tu deseo de protegerlo lo impedirá. Deshazte de la carta y confía en mí.*

Pensaba que estaba ayudando, pero cuando fui brutalmente sincera conmigo misma, lo que realmente quería era controlar el resultado. ¡Ay! Compartí todo esto con John. Acordamos que Dios sería nuestra defensa y entregamos toda la situación al cuidado de nuestro Padre celestial. Esta batalla era demasiado grande para que la manejáramos de cualquier otro modo que no fuera con oración. No pasó mucho tiempo hasta que todo salió a la luz mientras John estaba fuera del país en un viaje misionero. Dios nos rescató sin ninguna ayuda de mi parte. Las lecciones que aprendimos de todo ese lío se convirtieron en el libro de John, *La Trampa de Satanás,* que ha tocado las vidas de millones de personas en más de 120 idiomas. Pero yo casi me interpongo en el camino de todo eso.

Comparto este encuentro por dos razones. En primer lugar, hay una atracción muy fuerte en nosotras las mujeres a tomar las riendas de las situaciones según nuestros propios términos. El espíritu de esta época y las heridas de nuestro pasado nos impulsan hacia el control en lugar de la rendición. Por favor, entiendan que no estoy sugiriendo que nadie debería guardar silencio cuando hay abuso que pone a otros en peligro. Nuestra reputación estaba siendo atacada, pero siempre estuvimos seguras. Yo quise intervenir en nombre de mi familia, pero Dios tenía en mente un rescate mayor.

Ahora estamos en una batalla por la propia identidad de lo femenino, la seguridad de nuestros hijos y la salud de nuestras familias, y esta lucha no puede librarse tan solo con nuestras fuerzas humanas. Esto requerirá involucrar al cielo. Esta lucha por lo femenino es demasiado grande para nosotras.

> *Y ahora, toda la gloria sea para Dios, quien puede lograr mucho más de lo que pudiéramos pedir o imaginar, mediante su gran poder que actúa en nosotros.* (Efesios 3:20)

En segundo lugar, Dios es quien puede. Él puede cuando nosotros somos incapaces. Él interviene cuando reconocemos que estamos sobrepasados y nos rendimos. Yo estaba ofendida. John estaba ofendido. Estábamos heridos y maltratados, pero Dios tenía un propósito redentor en todo eso. No solo nos rescató sino que también redimió todo el caos, y lo que aprendimos en el proceso ha sido una fuente de rescate para otros. Actualmente, hay una epidemia de ofensa tanto dentro como fuera del cuerpo de Cristo. El mensaje sobre la libertad de la trampa de la ofensa en *La trampa de Satanás* es más relevante ahora que nunca.

Sin importar quiénes seamos, la sumisión a Dios es nuestro primer paso antes de entrar en batallas espirituales. David modeló esta dinámica repetidamente. Aunque era un líder experimentado y un guerrero hábil, buscaba primero el consejo de Dios.

> *Y David le preguntó al Señor: —¿Debo perseguir a esta banda de saqueadores? ¿Los atraparé? Y el Señor le dijo: —Sí, persíguelos. Recuperarás todo lo que te han quitado.*
>
> (1 Samuel 30:8)

Si creemos que Dios es nuestra fuente de estrategia y fortaleza, ¿por qué no acudiríamos primero a Él en busca de guía? Proverbios 3:5-6 dice:

Confía en el Señor con todo tu corazón;
no dependas de tu propio entendimiento.
Busca su voluntad en todo lo que hagas,
y él te mostrará cuál camino tomar.

Puedes confiar en Dios con todo tu corazón. Mi propio entendimiento me ha fallado más veces de las que puedo contar. Dios quiere estar involucrado en todos nuestros caminos. No hay nada que esté fuera de su atención, y nada es demasiado pesado para que Él lo levante. En estos días de giros inesperados, necesitamos al Único que puede ver lo que hay detrás de las esquinas para darnos un camino recto hacia adelante. Esto se reafirma en Santiago 4:6-7, que dice:

«Dios se opone a los orgullosos pero da gracia a los humildes». Así que humíllense delante de Dios. Resistan al diablo, y él huirá de ustedes.

En el resto de este capítulo hablaré de las estrategias para la guerra espiritual que veo en la Escritura.

ASEGÚRATE DE ESTAR INFORMADA

Antes de siquiera pensar en involucrarte en cualquier tipo de guerra espiritual, asegúrate de estar informada. Saber acerca de algo no es lo mismo que conocerlo, al igual que saber acerca de alguien no es lo mismo que conocerlo. Lo vemos en Hechos 19:

Un grupo de judíos viajaba de ciudad en ciudad expulsando espíritus malignos. Trataban de usar el nombre del Señor Jesús

> *en sus conjuros y decían: «¡Te ordeno en el nombre de Jesús, de quien Pablo predica, que salgas!». Siete de los hijos de Esceva, un sacerdote principal, hacían esto. En una ocasión que lo intentaron, el espíritu maligno respondió: «Conozco a Jesús y conozco a Pablo, ¿pero quiénes son ustedes?». Entonces el hombre con el espíritu maligno se lanzó sobre ellos, logró dominarlos y los atacó con tal violencia que ellos huyeron de la casa, desnudos y golpeados.* (vv. 13-16)

Necesitamos hijas que tengan un conocimiento íntimo de Jesús en lugar de uno itinerante. Un espíritu maligno dominó a siete hombres adultos porque conocían la autoridad en el nombre de Jesús, pero no tenían ninguna ellos mismos. Los demonios saben quiénes son los hijos de Dios. Cuando creíste, fuiste marcada por el Espíritu del Altísimo. Solo aquellos que están en Cristo tienen autoridad en su nombre.

EXAMINA Y PROTEGE TU CORAZÓN

El orgullo tiene el poder de tomarnos por sorpresa a todos. La guerra en el Espíritu requiere la gracia y la guía de Dios. Aunque pueda parecer contradictorio, nuestras batallas espirituales comienzan con la rendición y siempre deben estar motivadas por el amor, porque el amor siempre incluye un "para." Por ejemplo, odio el adulterio porque estoy a favor del pacto del matrimonio; por lo tanto, lucho *para* ayudar a otros a construir matrimonios sólidos.

Constantemente me pregunto: *¿Es esta una lucha para lograr algo o simplemente contra algo?* Si mi respuesta es *contra,* entonces necesito dar un paso atrás y examinar mis motivos. La respuesta a esa pregunta es mi porqué. Si nuestro motivo es incorrecto, el resultado también estará comprometido.

Otra pregunta que debemos hacernos es: *¿Esto está dentro de mi círculo de control o influencia?* Si lo está, busca a Dios para encontrar el enfoque correcto. Avanza con la mentalidad adecuada. La ira humana es un gran motivador pero un pésimo gobernante. Deja que tus emociones y sentimientos actúen como exploradores del ejército: son útiles para localizar al enemigo, pero el Espíritu Santo es quien diseña el plan de batalla.

> *Mis amados hermanos, quiero que entiendan lo siguiente: todos ustedes deben ser rápidos para escuchar, lentos para hablar y lentos para enojarse.* ***El enojo humano no produce la rectitud que Dios desea.*** (Santiago 1:19-20, énfasis añadido)

El enojo consume mucha energía sin acercar a las personas a la relación correcta con Dios ni con los demás. Como alguien que es medio siciliana, entiendo que ser lento para la ira es mucho más fácil de decir que de hacer; sin embargo, el hecho de que hayamos descuidado manejar nuestro enojo correctamente ha fomentado mucha de la desconexión y el caos actuales que estamos experimentando. Santiago 1:20 en la versión *The Message* dice: *La justicia de Dios no surge a partir del enojo humano* (traducción libre).

¿Qué estamos cultivando con nuestras palabras y acciones llenas de enojo? Lo único que veo es una cosecha de mayor ansiedad y enojo. Las mujeres están enojadas con los hombres. Las mujeres están enojadas entre sí. Escribí la carta porque no me gustaba que atacaran a mi esposo, pero la descarté porque estábamos en un conflicto con algo mucho más grande de lo que mi enojo podía manejar.

El diablo ama alentarnos a desahogar nuestra ira en los lugares equivocados. Todos tenemos derecho a estar enojados, pero no a ser destructivos. Tú tienes todo el derecho a estar molesta, pero no a pecar. Comparte tu frustración con personas que puedan hacerte avanzar hacia una solución. Si no tienes a alguien en tu vida que ocupe ese lugar, llévalo ante Aquel que es la respuesta. Cuando nos sometemos a Dios, nos colocamos bajo su protección y autoridad.

Escuchar las noticias y la locura de nuestra época puede ser abrumador. Añadamos la división y el pecado dentro de la Iglesia, y quiero gritar. Hay momentos en los que quiero agarrar mi teléfono y desahogarme con todos, pero si me desquito con las personas, me convierto en parte del problema en lugar de la solución. En vez de señalar a los demás, deberíamos llamarnos mutuamente a un estándar más elevado. Dios ama a las personas; las personas no son el problema. Satanás sí lo es. Deja el teléfono y sé lenta para hablar hasta que tu enojo se resuelva.

He tenido que luchar muchas batallas más de una vez porque no aprendí esta lección las primeras veces.

También debemos asegurarnos de revisar nuestra postura. A los demonios les encanta cuando nuestros corazones están divididos porque saben que no tenemos la autoridad para confrontar aquello con lo que estamos de acuerdo. En el momento en que renuncié a cualquier afinidad que sentía hacia el espíritu de Jezabel, cualquier enredo que pudiera haber tenido con él se rompió, y gané una sensibilidad que me ayudó a evitar futuros alineamientos. La obediencia a Dios crea una alineación divina, la forma más alta de guerra espiritual.

DIOS AMA A LAS PERSONAS; LAS PERSONAS NO SON EL PROBLEMA.

CONOCE CONTRA QUÉ ESTÁS LUCHANDO

¿Contra quién estás luchando? Por ejemplo, podrías sentir que estás en una pelea con tu esposo. Piensas que él es insensible, pero lo que realmente está sucediendo es que el enemigo intenta destruir tu matrimonio. Cuando un argumento o desacuerdo de cualquier tipo se vuelve demasiado intenso, usualmente hay algo más detrás de eso. Recuerdo que una vez John me llamó desde el sudeste asiático y estaba muy tenso. Estaba exhausto e irrazonable. Se desahogó con palabras que ni siquiera recuerdo; solo sabía que estaba en un ambiente cargado y opresivo. Le dejé saber que podríamos hablar de ello nuevamente cuando estuviera en casa. Cuando regresó, se disculpó por manejar mal la conversación. Le aseguré que no era necesario, porque entendí que estaba en una atmósfera demoníaca que había magnificado todo.

Y, otras veces, simplemente estamos tratando con personas que necesitan ayuda.

Recientemente, en un tren Skylink del aeropuerto, una mujer comenzó a gritar y maldecir violentamente. Todos la miraron y luego apartaron la vista, pero yo sentí que estaba perturbada y me acerqué a ella.

"¿Estás bien?", le pregunté.

Su respuesta estuvo salpicada de una colección de insultos. Tenía miedo de perder su próximo vuelo. Llevaba más de treinta y cuatro horas despierta y, en un estado de agotamiento, había ido a la puerta equivocada. Le pregunté a dónde iba y descubrí que estábamos en el mismo vuelo. Le aseguré que íbamos a llegar. No estoy segura de que me creyera. Mientras cambiábamos de tren, se recriminaba a sí misma por ser estúpida. Le pregunté a qué se dedicaba. Era enfermera de vuelo.

"Entonces estás lejos de ser estúpida", le dije. "Escucha, mi esposo está en la puerta esperándome. Si puedes correr conmigo, ¡lo lograremos!". Corrimos como si nuestro cabello estuviera en llamas y llegamos al vuelo.

Habría sido fácil malinterpretar su enojo como combativo, pero la persona con la que estaba más frustrada era ella misma. En ocasiones no es algo demoníaco; a veces las personas están exhaustas y simplemente necesitan a alguien que corra junto a ellas. Si realmente creemos que somos embajadoras en una misión de rescate para el cielo, debemos dejar de luchar contra aquellos a quienes estamos asignados a ayudar. Las personas raras veces son el problema, pero en ocasiones tú puedes ser la respuesta que necesitan.

Nuestros verdaderos enemigos son invisibles y no de este mundo:

> *Pues no luchamos contra enemigos de carne y hueso, sino contra gobernadores malignos y autoridades del mundo invisible, contra fuerzas poderosas de este mundo tenebroso y contra espíritus malignos de los lugares celestiales.* (Efesios 6:12)

Toma un momento para reflexionar sobre esta lista de Efesios: gobernadores, autoridades, fuerzas poderosas de este mundo tenebroso, espíritus malignos de los lugares celestiales. El mal se está volviendo cada vez más evidente, pero dudo que alguna de nosotras haya enfrentado directamente a estas fuerzas. Nos encontramos con personas a las que ellos atacan, usan y controlan. N. T. Wright traduce de este modo el mismo versículo:

> La guerra en la que estamos involucrados, como ves, no es contra carne ni sangre. Es contra los gobernantes, contra las autoridades, contra los poderes que gobiernan el mundo en este tiempo oscuro, contra las fuerzas espirituales malvadas en los lugares celestiales.[1]

Si no luchamos contra carne y sangre, entonces las personas no son el problema. Las fuerzas espirituales no pueden manejarse con medios humanos. Requerirán la guía del Espíritu. Tenemos autoridad espiritual cuando estamos bajo su autoridad. No tenemos poder en nuestro nombre, sino en la supremacía del nombre de Jesús.

NO SEAS DESCUIDADA CON LO SAGRADO

¡No arrojen sus perlas a los cerdos! Pisotearán las perlas y luego se darán vuelta y los atacarán. (Mateo 7:6)

Amo a mi perrita, pero ella no tendría idea de cómo manejar algo sagrado. De la misma manera, los cerdos y las perlas no tienen cabida juntos. Cuando somos descuidadas con lo que se nos ha confiado como sagrado, nos exponemos a ataques. Mateo 7:6 es una advertencia clara de no mezclar lo santo con lo profano. En la vida hay conversaciones y oraciones que son santas en un contexto, pero que serían inapropiadas en otro. Por ejemplo, la intimidad sexual entre un esposo y una esposa es santa, pero si se publica en línea se convierte en pornografía. Lo correcto en el contexto incorrecto se convierte en algo equivocado.

Durante las últimas elecciones presidenciales, la Iglesia transmitió oraciones apasionadas que parecían no ser respondidas y profecías que no se cumplieron. Ambas cosas habrían sido mejor mantenerlas en privado. Esto causó confusión generalizada e innecesaria. *The Message* traduce el mismo versículo de esta manera:

No trivialices lo sagrado. Las bromas y la frivolidad no honran a Dios. No reduzcas los misterios sagrados a eslóganes. En el intento de ser relevante, solo estás siendo superficial e invitando al sacrilegio. (Traducción libre)

Seamos cuidadosas al medir nuestras palabras y recordemos que no todo lo que decimos o hacemos necesita ser público. No deshonremos a Dios y el don de la oración con un mal uso público e insensato. El Padrenuestro invita al reino y la voluntad de Dios a cada situación, sin decirle a Dios cuál debería ser esa voluntad o cómo creemos que Él debería llevarla a cabo. Creo que una manera de evitar este tipo de irreverencia es conocer y orar la Palabra de Dios.

ORA LA PALABRA

Hay momentos en los que nuestras circunstancias nos dejan devastadas y sin palabras. Tal vez sea un argumento no resuelto o una larga temporada de decepción y desaliento repetido que parece no tener fin. La Escritura nos da palabras cuando no sabemos qué decir o cómo orar. Cuando me siento abrumada o sin fuerzas, los Salmos es el lugar donde encuentro consuelo. Cuando necesito sabiduría, recurro a Proverbios. Cuando necesito una dosis de asombro profético, voy al libro de Isaías. Los Evangelios son donde puedo encontrarme con Jesús y verlo interactuar con otros. La Palabra de Dios nos toca porque está viva. La Palabra de Dios resuena tan profundamente porque tiene el poder de crear.

El Señor tan solo habló,
y los cielos fueron creados.
Sopló su palabra,
y nacieron todas las estrellas. (Salmos 33:6)

Se nos ha concedido el privilegio de las palabras. La Palabra de Dios es una espada eterna, invencible e invisible. Cuando escribí *Mujeres con espadas,* recibí diferentes espadas: un machete de Costa Rica, una daga de Jordania y una espada de mujeres de Pakistán, ninguna de las cuales habría sabido cómo usar. Sin embargo, eso está bien porque nuestras espadas son declaradas y están vivas. Saben qué hacer incluso cuando nosotras no lo sabemos.

> *Pues la palabra de Dios es viva y poderosa. Es más cortante que cualquier espada de dos filos; penetra entre el alma y el espíritu, entre la articulación y la médula del hueso. Deja al descubierto nuestros pensamientos y deseos más íntimos.* (Hebreos 4:12)

El medio de la oración nos conecta con un ámbito invisible que es mucho más real y permanente que donde vivimos cada día.

> *No mirando nosotros las cosas que se ven, sino las que no se ven; pues las cosas que se ven son temporales, pero las que no se ven son eternas.* (2 Corintios 4:18, RVR-60)

Es ahí donde se ganan nuestras batallas. Luchamos primero en oración. Hay momentos en los que nuestras oraciones necesitan un poco más de nosotras. Una vez hablé ante un gran grupo de muchachas jóvenes, y después, una de ellas se acercó a mí. Me llevó a un lado, y con palabras susurradas me dijo que estaba luchando contra un trastorno alimenticio. Sabía que yo había experimentado libertad de un trastorno similar y me pidió que orara por ella. La abracé y oré todo lo que sabía orar, pero no sentí un alivio. Le di un abrazo y me volteé hacia un grupo de muchachas que estaban esperando para hablar conmigo. Pero cuando ella estaba saliendo de la sala, vi una forma oscura que la seguía. Reconocí ese espíritu oscuro. Llamé su nombre. Ella se volteó hacia mí.

"¡No lo escuches!", grité.

Ella asintió, pero vi resignación en su semblante. Ella sabía que la seguía; sabía que la lucha iba a continuar. Aquella noche, su rostro y la sombra fueron lo único que pude ver. No entendía por qué no había sentido un cambio cuando oré por ella. Sabía que era la voluntad de

Dios que caminara en libertad. Yo misma había experimentado esa libertad décadas antes. Me revolví en la cama toda la noche en mi habitación de hotel. Luego, alrededor de las dos de la mañana, escuché un pasaje de la Escritura que me dio mi respuesta:

> *Pero este género no sale sino con oración y ayuno.*
>
> (Mateo 17:21, RVR-60)

Ahí estaba mi respuesta. Ayunaría y luego oraría con ella nuevamente. Al día siguiente tuve otra sesión con las muchachas. Esta vez, cuando oré con ella hubo libertad. Yo lo supe y ella también lo supo. Nos mantuvimos en contacto durante varios años después de eso, y ella confirmó la fidelidad de Dios. Se casó y tuvo una hermosa familia, a pesar de que le habían dicho que tal vez nunca podría tener hijos. De forma trágica, este versículo ha desaparecido de varias traducciones actuales de la Biblia, pero yo creo en el poder del ayuno.

Cuando oramos y obedecemos al Espíritu de Dios, la autoridad del reino de Dios actúa sobre nuestros desafíos. La Palabra y el Espíritu Santo son nuestros guías constantes. A menudo pienso que sería bueno tener una videollamada o un chat con nuestro Padre celestial. Entonces, Él podría mostrarnos de manera directa y precisa qué hacer. En cambio, caminamos por fe, lo que significa percibir su corazón más que escuchar citas directas, con su Palabra iluminando el camino delante de nosotras.

ABORDA LO QUE HAYAS EXPLORADO

Adoraba a mi papá y, siendo muy niña, veía programas de terror con él para demostrar cuán valiente era yo; sin embargo, siempre que un alienígena o un monstruo marino era demasiado aterrador, me escondía detrás de él. Cuando era adolescente veía películas de terror en los cines con amigos y novios. Aunque estuviera aterrada, regresaba por más. Una Navidad, me regalaron un tablero de ouija. Era un objeto que usábamos en pijamadas. También tenía una almohada de astrología para que mis amigas la firmaran cuando dormían en mi casa. Las prácticas ocultas se colaron en mi infancia como si lo paranormal fuera normal.

Yo sabía que la oscuridad y el mal eran reales, pero no fue hasta que me convertí en cristiana cuando descubrí el poder de la luz. Al principio de mi caminar cristiano renuncié a todos los acuerdos que inconscientemente había hecho con lo oculto a través de la rebelión abierta, la promiscuidad sexual, la astrología, los votos impíos, y varias otras cosas que el Espíritu Santo me trajo a la memoria. Te desafío a hacer lo mismo. Hay algo muy hermoso en acudir ante el Señor y ponerlo todo delante de Él. No importa tu pasado ni el pasado de tu familia, tú puedes ser el comienzo de mil generaciones que aman a Dios y guardan sus mandamientos. Al final de este capítulo he incluido una oración enmarcada con escrituras para que hagas esto. Te animaría a ayunar o tomar la comunión antes o después de hacer esta oración.

PROTEGE LA ATMÓSFERA DE TU HOGAR

Esto puede ser tan simple como crear una atmósfera diferente poniendo música de adoración. Y tan difícil como resolver conflictos cuando aún hay desacuerdos.

> *«Si se enojan, no pequen». No permitan que el enojo les dure hasta la puesta del sol ni den cabida al diablo.*
>
> (Efesios 4:26-27, NVI)

No te vayas a la cama enojada; eso abre la puerta al diablo, y no querrás invitarlo. Ni con tu esposo, ni con tus hijos, ni con un amigo, ni con un enemigo, ni con un empleador o empleado, y ni con extraños en las redes sociales con quienes no tienes forma de hablar. Si no puedes llegar a una resolución antes de dormir, déjalo a un lado y establece un plan y un momento para abordarlo más adelante. John y yo establecemos un momento al día siguiente para discutirlo. Sé consciente de lo que permites entrar en tu hogar mediante la televisión. Me asombra cuánto de lo demoniaco se cuela en la programación actual. Supervisa los sitios a los que tus hijos pueden acceder en el internet. Podría ser tan sencillo como mantener la computadora portátil en la cocina.

RECUERDA: SE PROMETE PERSECUCIÓN

Queridos amigos, no se sorprendan de las pruebas de fuego por las que están atravesando, como si algo extraño les sucediera.

(1 Pedro 4:12)

En muchos aspectos, Dios usó las pruebas para edificar la iglesia primitiva. El dragón no estaba contento con un evangelio de Jesucristo sin restricciones. Y, sin embargo, las palabras de Pedro nos hablan hoy. Prepárate para que las pruebas ardientes sean un poco más intensas que ataques en las redes sociales. Pedro nos advirtió que vamos a pasar por algunas dificultades. Serás probada cuando decidas luchar por todo lo que significa ser mujer: ser sabia, amable, maternal, piadosa, estratégica y protectora. Habrá resistencia cuando hagas declaraciones valientes de arrepentimiento, cuando hagas alianza con Cristo y te apartes de las definiciones culturales. Jesús advirtió a sus discípulos en Mateo 10:16 sobre el ambiente en el que trabajarían:

Miren, los envío como ovejas en medio de lobos. Por lo tanto, sean astutos como serpientes e inofensivos como palomas.

Las ovejas no son los animales más inteligentes. Necesitan la protección de un pastor. A primera vista, esto casi parece contradictorio con las palabras de 1 Pedro, que nos aseguran que tendremos pruebas. ¿Cómo es posible que seamos ovejas siguiendo a un pastor y, sin embargo, aún experimentemos pruebas? Porque nuestro Pastor nunca dijo que no pasaríamos por pruebas; solo prometió que no las pasaríamos solos.

Mateo 10:16 también nos anima a ser sabias o astutas como serpientes y sencillas o inofensivas como palomas. Las serpientes son astutas y hábiles. Cuando no tienes brazos ni piernas, necesitas sacar lo mejor de tu situación. Las serpientes eligen su entorno cuidadosamente porque esperan, con la esperanza de emboscar a sus víctimas desprevenidas.

Una paloma es un símbolo universal de paz y reconciliación. Las palomas también simbolizan el perdón y la liberación. Si combinamos estos dos (serpiente y paloma), debemos ser sabias y conscientes de que estamos en un territorio hostil, pero a la vez ser gentiles y guiadas por el Espíritu.

¿Hay alguna situación que estés tratando de controlar y que necesite ser entregada?

¿Hay alguna persona que estés tratando de controlar pero que deberías entregar a Dios?

Pregunta al Espíritu Santo si hay algo con lo que has coqueteado o has hecho acuerdos inconscientes y sientes que deberías renunciar a ello.

¿Qué es lo que puedes hacer para luchar en el Espíritu en lugar de hacerlo en tu propia fuerza?

ORACIÓN PARA RENUNCIAR A LOS ACUERDOS CON EL MAL

Amado Padre celestial,

Vengo ante ti en el nombre de tu precioso Hijo Jesús; entro por tus puertas con acción de gracias y por tus atrios con alabanza. Estoy abrumada por tu misericordia y tu amor por mí, y te agradezco por la gran obra de redención que has hecho en mi vida.

Espíritu Santo, te necesito. Guíame y dirígeme ahora. Jesús, tú eres mi Señor. Padre celestial, tú eres el Dios del cielo y de la tierra, el grande y asombroso Dios, que guardas tu pacto de amor con los que te aman y obedecen tus mandamientos. Que tu oído esté atento a la oración de tu hija.

Confieso mis pecados y los pecados de la casa de mi padre, todas las transgresiones que hemos cometido contra ti. Perdona todos y cada uno de los caminos en los que hemos actuado impíamente hacia ti. Pero tú, Señor, nuestro Dios, eres misericordioso y perdonador, y enviaste a tu Hijo, aunque nos hemos rebelado. Te pedimos que circuncides nuestros corazones y quites el pecado, la vergüenza y el reproche de nuestros pasados.

Confieso y renuncio a mi pecado y a los pecados de mis antepasados, por cualquier involucramiento en lo oculto, la brujería o la adivinación. [Haz una pausa y mantente sensible para añadir cualquier cosa que el Espíritu Santo te traiga a la mente específicamente para renunciar antes de continuar. Esto puede incluir, pero no se limita a astrología, sesiones espiritistas, películas de terror, cartas de tarot, juegos, libros, etc.] Renuncio a mi participación en estas cosas y rompo su maldición sobre mi vida y sobre las generaciones que me siguen.

Confieso y renuncio a mi pecado y a los pecados de mis antepasados en el área de consumo de drogas y alcohol. Padre, cierra cualquier puerta que esto haya abierto en el reino espiritual hacia el pecado, la esclavitud o la opresión. Renuncio a mi participación en ___________ [llama específicamente a las drogas por su nombre, si es aplicable], y rompo el poder de su maldición sobre mi vida y sobre las vidas de mis hijos, sus hijos, y los hijos de sus hijos.

Padre, confieso y renuncio a mi pecado y a los pecados de mis antepasados por cualquier participación en pecado sexual y toda impureza, perversión, incesto y promiscuidad. [Sé sensible aquí y nombra específicamente los pecados a los que estás renunciando. Declaralos ante Él sin vergüenza. No hay nada oculto; Él ya conoce cada uno de ellos y desea quitar su peso de culpa y vergüenza de ti. Luego, cuando estés lista, continúa.]

Padre, toma la espada de tu Espíritu y corta cada vínculo sexual impío entre mi persona y _________. [Escucha al Espíritu Santo y menciona cada nombre mientras lo escuchas. Es muy probable que los nombres sean incluso de aquellos con quienes no tuviste relaciones sexuales, pero con quienes estuviste involucrada sexual o emocionalmente de una manera que debe reservarse solo para tu esposo o Salvador].

Después de mencionar cada nombre individualmente, ora lo siguiente:

Padre, restaura cualquier fragmento de mi alma de estos hombres [o mujeres] por tu Espíritu para que yo pueda ser completa, santa y apartada para tu deleite.

Padre, renuncio al control de cada imagen pervertida y promiscua que haya entrado por medios escritos u otras formas de pornografía. Perdóname por permitir imágenes viles y pervertidas ante mis ojos. Hago un pacto conforme al Salmo 101:3 y guardaré mi corazón por medio de la puerta de mis ojos. No permitiré que ninguna cosa vil esté ante mis ojos. Renuncio a todo espíritu inmundo y ordeno que se aleje de mi vida.

Padre, lávame con la sangre purificadora de Jesús, porque solo ella tiene el poder de limpiar y expiar. Me consagro ahora como tu templo. Por el poder de tu Espíritu Santo, quita toda contaminación del espíritu, alma y cuerpo, del templo de mi cuerpo. Lléname hasta rebosar con la morada de tu Espíritu Santo. Abre mis ojos para ver, mis oídos para oír y mi corazón para recibir todo lo que tienes para mí. Soy tuya. Haz tu voluntad en mi vida. Amén.

Capítulo 5

La lucha por las generaciones

Porque el Hijo del Hombre vino a buscar y a salvar lo que se había perdido.
Lucas 19:10, RVR-60

Nuestro Salvador anhela restaurar la visión en una generación que la ha perdido. Sin una visión y un camino claro hacia adelante, perdemos el rumbo. El enemigo quiere que nuestros hijos estén cegados con vendas de mentiras para arrebatarles la esperanza divina. Con la esperanza fuera del camino, el desaliento domina nuestros pensamientos y el temor tiene rienda suelta. Hay algo que el temor quiere detener en tu vida; no lo permitas. Proverbios 29:18 nos dice: *Donde no hay visión, el pueblo se desenfrena* (NBLA).

Por fortuna, Dios tiene una visión profética para las generaciones:

En los últimos días —dice Dios—,
derramaré mi Espíritu sobre toda la gente.
Sus hijos e hijas profetizarán.
Sus jóvenes tendrán visiones,
y sus ancianos tendrán sueños.
En esos días derramaré mi Espíritu
aun sobre mis siervos —hombres y mujeres por igual—
y profetizarán. (Hechos 2:17-18)

Lo cual plantea la pregunta: ¿estamos en los últimos días? Hechos 2:17 comienza diciendo "en los últimos días", en plural. Al estudiar la Escritura descubrimos rápidamente que Dios mide sus días de modo bastante distinto a como lo hacemos nosotros. Segunda de Pedro 3:8 nos dice:

> *Sin embargo, queridos amigos, hay algo que no deben olvidar: para el Señor, un día es como mil años y mil años son como un día.*

Esto podría ampliar el tiempo de "los últimos días" hasta dos mil años. En cualquiera de los casos, es momento de que digamos lo que Dios ve. Dios ve su Espíritu derramado sobre nuestros hijos e hijas al igual que sobre viejos y jóvenes. Nuestro Padre ve una generación profetizando arrepentimiento y un reino venidero. Dios ve una renovación de sueños y visiones para sus siervos. Y, sin embargo, en lugar de hacernos eco de la Palabra de Dios, hemos permitido que se declaren palabras duras sobre las generaciones.

Debemos tener cuidado de no suponer que donde estamos ahora es donde estaremos siempre. Creo que estamos en el umbral de cómo son las cosas y cómo quiere Dios que sean. Las cosas cambian cuando la Palabra de Dios es declarada sobre las generaciones. Segunda de Timoteo 4:2-3 nos instruye sobre la importancia de la Palabra:

> *Predica la palabra; persiste en hacerlo, sea o no sea oportuno; corrige, reprende y anima con mucha paciencia, sin dejar de enseñar. Porque llegará el tiempo en que no van a tolerar la sana doctrina, sino que, llevados de sus propios deseos, se rodearán de maestros que les digan las fantasías que quieren oír.* (NVI)

La Palabra de Dios es viva y constructiva. Tiene el poder de contrarrestar cada palabra destructiva declarada por el enemigo o incluso por otros cristianos bien intencionados. La Palabra transformadora de Dios puede renovar las mentes y redimir lo que se ha perdido al hacer nuevas todas las cosas. No necesitas buscar consejo de desconocidos en el internet; el Espíritu Santo ha prometido ser tu Consejero. La terapia tiene el poder de romper patrones, y el Espíritu Santo tiene el poder de transformar.

ES MOMENTO DE QUE DIGAMOS
LO QUE DIOS VE.

Abre tu Biblia y pide al Espíritu Santo que te hable. Entonces, no te sorprendas si Dios te habla mientras lees los pasajes. Detente y escucha esa voz suave y apacible que susurra sabiduría y perspectiva que nunca podrías concebir por ti misma. Las palabras del profeta Isaías aún permanecen como una invitación para todos nosotros:

Vengan ahora, y razonemos,
Dice el Señor,
Aunque sus pecados sean como la grana,
Como la nieve serán emblanquecidos.
Aunque sean rojos como el carmesí,
Como blanca lana quedarán. (Isaías 1:18, NBLA)

¿Y qué nos pide Él a cambio? Que estemos dispuestos y seamos obedientes (v. 19). No pidió perfección; hemos demostrado que eso no es posible. Pidió que fuéramos dispuestos y obedientes en lugar de voluntariosos y desobedientes. Esta es una petición razonable y una conversación que Él invita a todos a tener. El Señor intercambia nuestro pecado e iniquidad por su justicia. No hay necesidad de poner excusas o culpar a otros. Reconócelo por lo que es: pecado, y ríndelo al único que puede convertir el escarlata chillón en un blanco radiante. Jesús anhela sanar lo que la vida ha desgarrado, arreglar lo que la vida ha quebrado, y lavar lo que la vida ha ensuciado.

Las personas te decepcionarán, no porque quieran sino porque son humanas. Dios no lo hará. No confundas a las personas con Dios o terminarás buscando en los lugares equivocados lo que solo Dios puede dar. La búsqueda de más cosas, otros lugares, otros caminos, otros géneros, otro esposo, otra esposa, otro novio u otra novia no satisfará tu anhelo. Él es tu Fuente.

UNA GENERACIÓN DE GUERRERAS

Si otros te llaman víctima, no los creas. Es una táctica del enemigo para mantenerte contenida o débil. No necesitas excusas. No eres una víctima; eres una amenaza. Esa es una de las muchas razones por las que el enemigo ha trabajado horas extra para confundir a una generación de guerreras con medias verdades. Es obvio que hay algo en ti y sobre ti que el enemigo desesperadamente quiere abortar. Por eso el dragón atormenta a esta generación con imágenes impías, violentas y desesperanzadoras; desea que seas impulsada por el miedo, la ira y la lujuria. Sabe que Dios te ha llamado para más; quiere que seas apartada para Él.

No pierdas más tiempo con tus detractores. Es hora de ponerse seria y recordar: hay muchos más animándote que los que se burlan y critican. Hebreos 12:1 nos dice:

> *Por tanto, puesto que tenemos en derredor nuestro tan gran nube de testigos, despojémonos también de todo peso y del pecado que tan fácilmente nos envuelve, y corramos con paciencia la carrera que tenemos por delante.* (NBLA)

NO ERES UNA VÍCTIMA; ERES UNA AMENAZA.

Fuiste creada para esta carrera en este tiempo, pero no podrás correr si llevas cargas y pecados. No temas; es hora de dejar atrás los patrones de pecado y trauma, que solo te impedirán avanzar y te robarán la vida que anhelas. Has de estar dispuesta a dar algunos pasos hacia adelante, y mientras lo haces, Dios revelará el camino delante de ti. Dios quiere hablarte a ti y por medio de ti. Dios no solo quiere sanarte, sino también sanar a otros a través de ti. Él quiere que seas libre para que otros también encuentren libertad a través de tu testimonio. Cualquier área de nuestras vidas que nos importe, le importa a Él. ¿Fuiste lastimada por un amigo? Llévaselo a Él. ¿Ridiculizada por tus creencias? Llévaselo a Él. ¿Estás dudando de tu propósito? Llévaselo a Él.

Reconecta con tu Creador desarrollando sensibilidad a su voz. Esto probablemente significará apagar tu computadora y tu teléfono. Las interrupciones y distracciones te alejan de la atracción divina. Estas distracciones te impiden ganar tracción y avanzar en libertad. Cuando pasas demasiado tiempo en los caminos del internet, corres el riesgo de olvidar cómo se siente el sendero bajo tus pies. La importancia de apartarte para encontrar tiempo con tu Creador no puede ser exagerada. Descubrimos quiénes somos en la presencia de Dios, no en la presencia de las personas. En la búsqueda de lo divino descubrimos nuestra plenitud. Mientras buscas conocerlo, Él se revelará *a ti*.

La generación más joven está librando una batalla dentro de sí misma que la cultura intenta enmendar desde afuera. Tienen un descontento divino que la religión no satisface. La respuesta que buscan no se encuentra en la transición ni en el regreso de esa transición. Su respuesta corre más profundo que lo que el bisturí de un cirujano podría alcanzar o un fármaco podría crear. Esta generación no descansará hasta experimentar la transformación, y Jesús es nuestra única vía hacia esa transformación.

En todo sentido, Él es capaz de empatizar con nuestras debilidades y luchas.

Jesús también entiende el dolor del racismo, el prejuicio y la persecución. Él sufrió como víctima de los tres. Creció bajo la opresión del Imperio romano y, sin embargo, fue capaz de establecer un reino que no tendrá fin. Como descendiente judío de la tribu de Judá, habría presenciado los comienzos de los horrores del antisemitismo.

Hasta el día de hoy vemos evidencia de este odio. Los judíos han sido consistentemente perseguidos, despojados de su tierra y esclavizados: primero Egipto, luego Babilonia, Roma y las Cruzadas. Fueron dispersados de nuevo y enfrentaron persecución, pérdida y muerte bajo Hitler y Stalin. Sus cenizas están dispersas a lo largo de gran parte de Europa del Este, y trágicamente han sido atacados en su propia tierra de Israel, e incluso en Estados Unidos.

Isaías 53:3 nos dice esto acerca de Jesús:

Fue despreciado y rechazado:
hombre de dolores, conocedor del dolor más profundo.
Nosotros le dimos la espalda y desviamos la mirada;
fue despreciado, y no nos importó.

Jesús fue rechazado por aquellos a quienes vino a salvar.

Vino a lo que era suyo, pero los suyos no lo recibieron.
(Juan 1:11, NVI)

Él entiende el dolor del rechazo mucho más de lo que yo jamás lo haré. Mientras escribía este libro, he batallado. ¿Qué espero lograr con mis palabras? Las palabras que vienen a mi mente son restauración, redención, revelación y rescate. Quiero que las mujeres recuerden quiénes son y recuperen el corazón y la mentalidad de una madre.

Esta generación está preparada para el avivamiento; sin embargo, si el dragón logra su propósito, pondrá fin a su legado.

Según datos recientes, para finales de este siglo se proyecta que 183 países no tendrán suficientes nacimientos para mantener su población actual. Eso representa más del 90 por ciento de las naciones.[1] Las investigaciones también indican que los *millenials* y la generación Z no tendrán suficientes hijos para sostener la población de Estados Unidos.[2]

La despoblación es una amenaza, no una solución. El enemigo de nuestras almas sabe que la desvalorización de los niños y la destrucción de la familia desmantelan la cultura y corrompen los sistemas de gobierno y de educación.

ES SU AMOR, MÁS QUE LA RELIGIÓN, LO QUE LLEVA A LAS RECHAZADAS Y VIOLADAS A LA SANTIDAD Y LA PLENITUD.

Sin embargo, en medio de este caos, Dios está redimiendo y activando a una generación. Dios ama a la comunidad LGTBQ+, y no hay nada que ellos puedan hacer o llegar a ser que los apartará de su amor y de su alcance. Asegurémonos de no estar obstaculizando su entrada.

Dios quiere alcanzar y restaurar. Es su amor, más que la religión, lo que lleva a las rechazadas y violadas a la santidad y la plenitud. Él ama a las hijas que fueron engañadas, despojadas de su forma femenina y devueltas con una identidad falsa. Las llama por su nombre. Todos hemos buscado lo correcto en personas, ideologías y lugares equivocados. Iglesias y ministros nos han decepcionado. La Escritura ha sido tergiversada o mal utilizada tanto para justificar como para condenar. Personas han sido abusadas por aquellos encargados de protegerlas. En nuestra búsqueda de la verdad, el enemigo nos ha dicho mentiras, pero nunca Jesús, y nunca nuestro Padre. Lucas 14 nos muestra cómo Dios llena su casa:

> *Jesús contestó:*
>
> *—Cierto hombre preparó un gran banquete e invitó a muchas personas. A la hora del banquete mandó a su siervo a decirles a los invitados: "Vengan, porque ya todo está listo". Pero todos, sin excepción, comenzaron a disculparse. El primero dijo: "Acabo de comprar un terreno y tengo que ir a verlo. Te ruego que me disculpes". Otro indicó: "Acabo de comprar cinco yuntas de bueyes y voy a probarlas. Te ruego que me disculpes". Y otro alegó: "Acabo de casarme y por eso no puedo ir". El siervo regresó y le informó de esto a su señor. Entonces el dueño de la casa se enojó y ordenó a su siervo: "Sal de prisa por las plazas y los callejones del pueblo y trae acá a los pobres, a los lisiados, a los ciegos y a los cojos". "Señor —dijo luego el siervo—, ya hice lo que usted me mandó, pero todavía hay lugar". Entonces el señor respondió: "Ve por los caminos y las veredas, y oblígalos a entrar para que se llene mi casa. Les digo que ninguno de aquellos invitados disfrutará de mi banquete".* (vv. 16-24, NVI)

Dios tiene hijas amadas que están esperando ser encontradas. Muchas viven ahora en las autopistas (el internet), buscando desesperadamente, y entre los setos de la vida (los etiquetados como marginados), y Dios nos está pidiendo que vayamos a donde ellas están y las impulsemos a venir a su casa para un banquete.

Así como fuimos amadas antes de dar nuestro primer aliento, ellas también fueron amadas. Amadas mientras el enemigo distorsionaba la obra de Dios para robar o sexualizar su identidad. Amadas mientras luchaban por encontrar comunidad, amor y aceptación en el internet o en la escuela. Amadas mientras intentaban sanar en los brazos de otro hombre, o de otra mujer. Amadas mientras probaban la identidad de un hombre. Como todos nosotros, son amadas pero están perdidas hasta que descubren el amor de Dios. Entonces, esta generación será empoderada para caminar en su identidad como hijas del Dios Altísimo.

Ahora, el Señor de la cosecha nos pide amar de la misma manera. Y más vale que aprendamos a amar rápidamente, porque hay una sensación de urgencia. No olvidemos que: *Nosotros le amamos a él, porque él nos amó primero* (1 Juan 4:19, RVR-60).

No dejes que esta idea de amar te intimide.

No necesitas ganar discusiones para amar a las personas.
No necesitas estar de acuerdo con las personas para amarlas.
No necesitas parecerte a ellas para amarlas.
Las personas no necesitan cambiar para que las ames; su amor lo cambia todo.
Dios nos amó en nuestro pecado.
El amor no es una aprobación del pecado; el amor es el escape del pecado.

Cuando amamos a Dios, odiamos lo que Él odia y amamos lo que Él ama. Dios ama a las personas. Dios ama a los perdidos. Dios aborrece la muerte y la destrucción de sus hijos. Dios *es* amor.

Los argumentos fallarán, pero el amor nunca falla.

Los programas sociales fallarán, pero el amor nunca falla.

Los políticos fallarán, pero el amor no lo hará.

Las personas pueden fallarte, pero el amor nunca falla.

Temo que nos hayamos dividido tanto en nuestras opiniones y búsquedas, que hayamos olvidado lo que importa realmente. Seguimos invitando a los sanos o a los ocupados a la mesa, cuando

Dios nos está pidiendo que alcancemos a los quebrantados. ¿Estamos perdiendo tiempo discutiendo con quienes ya sienten que tienen todas las respuestas y descuidando las conversaciones con aquellos que quieren conocer al Único que es la respuesta? Los desacuerdos combativos en las redes sociales no atraen a otros a Cristo, así como comprometer el mensaje de la cruz no hará libres a los cautivos.

SEGUIMOS INVITANDO A LOS SANOS O A LOS OCUPADOS A LA MESA, CUANDO DIOS NOS ESTÁ PIDIENDO QUE ALCANCEMOS A LOS QUEBRANTADOS.

Ojalá pudiéramos aprender esto, y cuánto necesito aprenderlo yo. Jesús nos necesita para dejar atrás nuestras religiones ocupadas y buscar a quienes se ven a sí mismos como marginados. Esto ocurre cuando compartimos cómo Él cargó con el peso insoportable de nuestro pecado y vergüenza. Deja de fingir y comienza a testificar de su gracia salvadora; esa es la manera en que exaltamos el nombre de Jesús. El que nos rescató los rescatará a ellos. ¿Podemos creer que Jesús quiere revelarse a los quebrantados y enojados?

Recientemente se han desatado avivamientos en varios campus universitarios. Uno comenzó cuando estudiantes confesaron sus pecados, adoraron y testificaron. Me emocionó ver un derramamiento del Espíritu de Dios en nuestros campus; sin embargo, casi de inmediato los críticos cuestionaron la teología del avivamiento. Yo argumentaría que algo puede ser puro y orquestado por el Espíritu de Dios, incluso si no es perfecto. Ten cuidado con la crítica. Es peligroso atacar lo imperfecto, pero puro. En este punto, estoy cansada de lo perfecto en forma, pero impuro en motivo. Para cada hija cansada de mirar *el lugar y el patrón* de adoración, y lista para abrazar *la presencia y el espíritu,* Jesús comprende.

> *Pero viene el tiempo, de hecho ya ha llegado, en que no importará cómo te llamen ni dónde adores. Lo que cuenta es quién eres y cómo vives ante Dios. Tu adoración debe involucrar tu espíritu en la búsqueda de la verdad. Ese es el tipo de gente que el Padre busca: aquellos que son simple y honestamente* ***ellos mismos*** *ante Él en su adoración.*
>
> (Juan 4:23, MSG, énfasis en el original, traducción libre)

La adoración debería ser guiada por el Espíritu y estar centrada en Aquel que es la verdad. Solo Él satisface a las hijas sedientas y solitarias que están cansadas de sacar agua muerta de los pozos fangosos del legalismo o de pozos contaminados por el pecado y la vergüenza. Hijas hermosas, atrévanse a soñar y dejen atrás su lamento, decepción y remordimiento. La ira y la venganza nunca calmarán nuestra sed; estas emociones solo nos dejan desilusionadas, frustradas y desesperadas por algo más. Cuando una generación vaga por el desierto de la decepción y la deconstrucción, la religión no satisfará sus almas, pero en los terrenos salvajes descubren la Roca que da agua.

Jesús fue el templo que fue destruido y reconstruido, como se menciona en Marcos 14:58: «*Nosotros lo oímos decir: "Yo destruiré este templo hecho con manos humanas y en tres días construiré otro, no hecho con manos humanas"*».

Esta generación busca templos construidos con corazones, no con manos. No se contentarán con formas religiosas desprovistas del Espíritu. Su cuerpo fue quebrantado para que nosotros pudiéramos ser un cuerpo con Él. Jesús pagó el precio supremo para redimirnos, pero a veces me temo que hemos olvidado todo lo que su muerte compró.

> *¿Acaso no saben que su cuerpo es templo del Espíritu Santo, quien está en ustedes y al que han recibido de parte de Dios?* ***Ustedes no son sus propios dueños;*** *fueron comprados por un precio.* ***Por tanto, glorifiquen con su cuerpo a Dios.***
>
> (1 Corintios 6:19-20, NVI, énfasis añadido)

Si fuimos comprados, nuestras vidas no nos pertenecen. Se dice muy poco sobre honrar a Dios con nuestros cuerpos. Una manera en que nuestros cuerpos femeninos glorifican a Dios es nuestra capacidad de llevar vida. Las mujeres están diseñadas de manera única como guerreras para la vida. La maternidad, ya sea por nacimiento o adopción, es una batalla. Otras abogan por la vida de diferentes maneras. Por favor, lee las palabras de la Madre Teresa ante la Corte Suprema de los Estados Unidos en 1994:

> América no necesita palabras mías para ver cómo su decisión en Roe vs. Wade ha deformado una gran nación. El llamado derecho al aborto ha enfrentado a madres contra sus hijos y a mujeres contra hombres. Ha sembrado violencia y discordia en el corazón de las relaciones humanas más íntimas. Ha agravado la denigración del papel del padre en una sociedad cada vez con menos padres. Ha presentado el mayor de los regalos, un hijo, como un competidor, una intrusión y un inconveniente. Ha otorgado nominalmente a las madres un dominio sin restricciones sobre las vidas dependientes de sus hijos e hijas físicamente dependientes. Y, al otorgar este poder desmesurado, ha expuesto a muchas mujeres a demandas injustas y egoístas por parte de sus esposos o de otras parejas sexuales.[3]

Hay misericordia para nuestro pasado; pero debe haber un camino hacia adelante o perderemos a las generaciones futuras. Honremos a Dios con nuestros cuerpos y valoremos a los niños como Dios los valora. Los niños son un regalo que el aborto destruye. Cuando los niños no son deseados, protegidos o sostenidos, la humanidad se enfoca en la autorrealización en lugar de apoyar legados generacionales.

Lo que Dios hace no debemos deshacerlo. El matrimonio es el precursor de la familia. Aunque imperfecto porque involucra a dos personas imperfectas, sigue siendo la unidad más saludable y productiva para criar hijos. Dios puede, quiere y bendecirá a los padres solteros que enfrentan el desafío de criar hijos solos. Él siempre será un Padre para los huérfanos, pero nuestra mejor esperanza son familias saludables que trabajan juntas para construir legados que honren a Dios.

Mira cómo describe Dios lo que sucede cuando un hombre y una mujer se unen en matrimonio:

> *¿Acaso no hizo Dios un solo ser que es cuerpo y espíritu? Y ¿por qué es uno solo? Porque busca descendencia dada por Dios. Así que cuídense ustedes en su propio espíritu y no traicionen a la esposa de su juventud.* (Malaquías 2:15, NVI)

El matrimonio es un sacramento que involucra al Espíritu de Dios. A través de este sacramento, Él entrelaza a los dos en uno. El ataque cultural actual contra el matrimonio es tanto espiritual como físico. La versión *The Message* enmarca el propósito y la participación de Dios en el matrimonio de esta manera:

> *Dios, no tú, creó el matrimonio. Su Espíritu habita incluso en los detalles más pequeños del matrimonio. ¿Y qué quiere Él del matrimonio? Hijos de Dios, eso es lo que quiere. Así que guarda el espíritu del matrimonio en tu interior. No engañes a tu cónyuge.* (Malaquías 2:15, MSG, traducción libre)

Nuestro Padre Dios es multigeneracional como el Dios de Abraham, de Isaac y de Jacob. Piensa en esto: la esperanza del nieto de Abraham, Jacob, estaba en sus lomos incluso mientras esperaba con fe a su hijo Isaac. Dios escogió a Abram (cuyo nombre luego fue ampliado a Abraham) como nuestro padre de la fe cuando todavía no tenía al hijo de la promesa.

> *Yo lo escogí a fin de que él ordene a sus hijos y a sus familias que se mantengan en el camino del Señor haciendo lo que es correcto y justo. Entonces yo haré para Abraham todo lo que he prometido.* (Génesis 18:19)

He incluido también la traducción de este versículo de *The Message* porque aporta mayor claridad:

> *Sí, me decidí por él como el encargado de instruir a sus hijos y a su futura familia para observar el camino de vida de Dios, vivir con bondad y generosidad y con justicia, para que Dios pueda completar en Abraham lo que le prometió.* (Traducción libre)

El genocidio por género fue empleado cuando el pueblo de Dios esperaba primero su liberación y luego a su rey. Cuando Dios escogió a Israel como su pueblo, no pasó mucho tiempo antes de que el enemigo se moviera contra ellos. Primero fue el faraón quien ordenó el asesinato de los bebés varones hebreos durante la opresión egipcia; sin embargo, Moisés escapó. Nuevamente los niños varones fueron el objetivo bajo el dominio romano; el rey Herodes ordenó el asesinato de todos los niños menores de dos años nacidos en la región de Belén. La Escritura describe la agonía de sus madres:

> *Se oye un grito en Ramá,*
> *llanto y gran lamentación.*
> *Es Raquel que llora por sus hijos*

y no quiere ser consolada.
¡Sus hijos ya no existen! (Mateo 2:18, NVI)

En el siglo pasado hemos sido testigos de las atrocidades del Holocausto, dos guerras mundiales, 73 millones de vidas inocentes terminadas por abortos *cada año* a nivel mundial,[4] y un siglo marcado por genocidios. Ahora vemos nuevamente el genocidio por género, pero esta vez el objetivo son las niñas. Se estima que la disminución en la población femenina asciende a 200 millones debido principalmente a la selección sexual basada en los varones.[5] Cuando vemos este tipo de ataque dirigido contra las mujeres, debemos preguntarnos por qué.

LO QUE NUESTRO ENEMIGO SABE

Vale la pena repetir lo que mencioné en el capítulo 1: creo que el enfoque del enemigo se ha desplazado hacia las mujeres porque Jesús regresará por su novia: la iglesia. Satanás quiere eliminar a las mujeres y socavar todo concepto de matrimonio. Ha distorsionado con éxito la idea de una novia pura que espera a su novio. Quiere que pensemos en el matrimonio como un obstáculo en lugar de un catalizador para el crecimiento. El matrimonio fomenta la responsabilidad, el amor incondicional, y confronta áreas de egoísmo de una manera que ninguna otra relación puede hacerlo. Resulta trágico que la disminución de las tasas de matrimonio se traduce en una mayor inmadurez cultural y en tasas de natalidad decrecientes.

Según un reporte reciente del Centro de Investigaciones Pew, una cuarta parte de los *millennials* llegará a los cuarenta años sin casarse.[6] Hay varias razones para esta tendencia: deudas por préstamos estudiantiles, independencia financiera, priorización de carreras profesionales, falta de vivienda asequible, miedo al divorcio y menos interés en el matrimonio y la procreación. Otra razón es que el sexo está fácilmente disponible fuera del matrimonio. En lugar de comprometerse a trabajar en la construcción de una vida íntima y una familia con una sola persona, un gran número elige permanecer soltero y tener relaciones sexuales con muchas personas.

Durante mi tiempo de vida, la intimidad sexual ha tomado una espiral descendente. La revolución sexual de los años sesenta y setenta fue impulsada por "una coalición poco probable de científicos, feministas, hippies y activistas por los derechos gay que creían que era necesario una sexualidad más libre y progresista".[7] Se unieron para facilitar el acceso a anticonceptivos y abortos. Estas innovaciones incrementaron la facilidad de las relaciones sexuales fuera del matrimonio y llevaron a un aumento en los divorcios. El aumento de la promiscuidad condujo a un fuerte incremento en las ETS (Enfermedades de Transmisión Sexual).[8] En la década de 1980, el VIH/SIDA entró en escena, y por un breve periodo el pánico limitó el número de parejas sexuales y prácticas en las que la gente estaba dispuesta a participar. Después de un tiempo este miedo se desvaneció, aunque las enfermedades relacionadas con el VIH/SIDA todavía se cobran alrededor de 600 mil vidas por año, y se calcula que 39 millones viven con VIH.[9] Relaciones homosexuales y bisexuales se integraron, y después se sancionaron con la legalización del matrimonio entre personas del mismo sexo en Estados Unidos en 2015.

Cuando la pornografía pasó de ser solo impresa a estar en el internet, el acceso y la adicción aumentaron exponencialmente. La adicción a la pornografía afecta a millones a nivel mundial. Los hombres tienen un 543 por ciento más de probabilidades que las mujeres de consumir pornografía, y cerca de 200 mil personas en Estados Unidos son consideradas adictas a la pornografía. En Estados Unidos, 40 millones de adultos visitan regularmente sitios pornográficos, y el 35 por ciento de todas las descargas del internet están relacionadas con la pornografía.[10] Los pedófilos están en el proceso de que se les llame PAM (personas atraídas por menores),[11] y un profesor de bioética de

Princeton endosó un estudio que normalizaba la bestialidad, con el nuevo nombre de zoofilia (sexo humano con animales).[12]

La sexualización de nuestra juventud ha evolucionado a una velocidad alarmante. Estamos viviendo una epidemia de sexo y una hambruna de intimidad. "Hacer el amor", considerado por mucho tiempo un acto sagrado con el poder de crear vida y unir a dos personas en un pacto matrimonial, cambió cuando se redujo a "sexo". Y luego, el sexo se transformó en un derecho individual a la gratificación en lugar de ser un acto de placer mutuo e intimidad.

Nuestra caída moral ha superado las predicciones más sombrías de *Un Mundo Feliz* de Aldous Huxley, un lugar sin monogamia, autonomía corporal ni familia. Un mundo donde los niños son creados en laboratorios (un avance que se calcula está a tan solo cinco años de distancia)[13] y todos toman "soma", un medicamento contra la ansiedad, para evitar cuestionamientos. El mantra cultural del mundo feliz de Huxley era: "Todos pertenecen a todos los demás".[14] En nuestros días, el mantra se está convirtiendo rápidamente en: "Cualquiera puede hacer lo que quiera con cualquiera o cualquier cosa", con la participación de personas como algo opcional. Para socavar y destruir a la próxima generación, el dragón que antes susurraba ahora grita...

Estar solo es mejor.
El aborto es atención médica.
Tu cuerpo, tu decisión.
Las mujeres no necesitan a los hombres.
El matrimonio termina en divorcio.
Persigue una carrera; demora una familia.
Los niños son inconvenientes que arruinan tu cuerpo.
¿Incómodo? Tu cuerpo asignado está mal, cámbialo.
No puedes confiar en los padres. No les hables; confía en los expertos.

No podemos seguir siendo pasivas; es tiempo de ser proactivas. Vive tu vida de tal modo que los demás vean lo que crees. Sé amable. Sé veraz. Llama a las personas a crecer en lugar de señalarlas. Habla por quienes han sido silenciados. Invita a una pareja joven a cenar e invierte en las generaciones que vienen detrás de ti. Inicia conversaciones con aquellos que normalmente considerarías forasteros. Te sorprenderá cuánto puedes aprender y cuántos estereotipos se confrontarán simplemente sentándote a la mesa con otros.

LA LUCHA POR LO FEMENINO EN TU HOGAR

Si estás casada, ama a tu esposo. Resuelvan sus problemas, pero con Dios en el centro. Honren al otro delante de sus hijos. Reúnan las herramientas necesarias para construir un matrimonio que les dé a sus hijos esperanza para un matrimonio en su futuro. En lugar de quejarte de tu matrimonio, celébralo. Los matrimonios son difíciles, pero crecer juntos vale la pena.

Si tienes hijos, no actúes como si fueran una carga cuando en realidad son una recompensa. Salmos 127:3-5 (NVI) nos dice:

Los hijos son una herencia del Señor,
el fruto del vientre es una recompensa.
Como flechas en las manos del guerrero
son los hijos de la juventud.
Dichoso aquel que llena su aljaba
con esta clase de flechas.
No será avergonzado por sus enemigos
cuando litiguen contra él en los tribunales.

Los hijos son una bendición, no una carga. Son nuestra riqueza más grande. Vivimos a través de nuestros hijos. Ellos alcanzan lugares que nosotros nunca podremos tocar y ven lo que nosotros ahora solo podemos vislumbrar. Nuestros hijos son flechas lanzadas hacia nuestro futuro. Ellos vivirán en la victoria de las batallas que hemos luchado y pelearán batallas que todavía no están delante de nosotros. El salmista se refiere a los hijos como flechas en la mano de un guerrero, demostrando el punto de que el enemigo sabe que la siguiente generación es una amenaza (Salmos 127:4-5). Dirígelos bien.

Disfruta de tu familia. Comparte comidas y conversaciones. Juega con tus hijos. Sé cuidadoso con las casas en las que permites que pasen la noche. Sal a caminar y conversa acerca de todo. Haz preguntas y escucha, realmente escucha. Mantenlos alejados de la vida en el internet y comprometidos con la vida familiar. Ayúdales a elegir amigos que sigan los caminos de Dios. Haz de tu hogar un santuario de risa, aprendizaje y amor. Incluye a familias con ideas afines en tu círculo de amistades.

Si estás soltera o no tienes hijos, busca a quienes necesiten una madrina, mentora o una amiga. Haz cosas que amas. Adopta una familia.

¿Qué es lo que puedes hacer para honrar el diseño de Dios para las generaciones?

¿Qué es aquello por lo que puedes orar para restaurar el diseño de Dios para las generaciones?

Capítulo 6

La lucha por lo perdido y hallado

A quien es negligente con la verdad en asuntos pequeños no se le pueden confiar asuntos importantes.
—Albert Einstein

Mi negligencia ha probado ser costosa.

Regresé a la casa después de mi segundo año en la universidad y descubrí que mi cadena de oro había desaparecido. ¡Esto era una crisis de accesorios para una adolescente de los años setenta! Sin embargo, recordaba claramente haber dejado la cadena en el cajón de mi baño. Saqué cada artículo del primer cajón y luego, frenéticamente, revisé todos los cajones de mi lado del gabinete. Después saqué los cajones por completo por si la cadena había caído en la base del gabinete, pero fue en vano. Revisé los cajones de mi cuarto.

Nada.

¿Habían robado mi cadena? Al borde del pánico ante la idea de esta pérdida, grité llamando a mi madre: "¡Mamá, no encuentro la cadena de oro que me regaló la abuela!".

Mi madre apareció en la puerta del baño. "Yo la tengo", respondió con calma.

Suspiré aliviada, contenta de saber dónde estaba; sin embargo, cuando pedí que me la devolviera descubrí que la cadena estaba perdida para mí, aunque había sido hallada. Mi mamá me dijo que iba a quedarse con la cadena... permanentemente. Argumentó que si yo hubiera valorado el regalo, no lo habría dejado en un cajón desordenado del baño. Me mostró que una sección entera de la cadena estaba torcida. Yo había forzado el cajón al cerrarlo con la cadena atrapada en la ranura.

Estaba furiosa.

Le dije que la cadena no era suya y no podía quedársela. ¡Era un regalo de mi abuela para mí! Mi mamá me recordó que cuando me regalaron la cadena, ella había expresado preocupación de que yo era demasiado joven para cuidarla y apreciar su valor. Lamentablemente mis acciones demostraron que su evaluación era correcta. Protesté su decisión varias veces y la acusé de buscar una excusa para quitármela, pero mi mamá no cedió. Nunca volví a ver la cadena.

Han pasado más de cuatro décadas, pero recuerdo esa lección cada vez que veo un collar que me recuerda al que perdí. Podrías pensar que lo recuerdo porque perder un regalo de mi abuela fue traumático, pero esa no es la razón. Resaltó el hecho de que la negligencia tiene consecuencias. La decisión de mi mamá me enseñó cómo manejar artículos de valor en el futuro. La negligencia tiene un costo.

Solo entendí el valor de la cadena *después* de haberla perdido. Tenía una caja de joyas donde podría haberla guardado, pero la puse en un cajón del baño porque era más fácil. Al ponerla donde no pertenecía, mi cadena se dañó. Los eslabones torcidos afectaron cómo se veía todo el collar.

La negligencia me ha costado algunas plantas. La negligencia me ha costado algunas relaciones. ¿Es posible que hayamos sido negligentes con el regalo de lo femenino? ¿Permitimos que nuestra feminidad se mezclara con cosas que no debían ir juntas? ¿Es esta la razón por la que nuestra conexión con los hombres se ha distorsionado?

NUESTRA HISTORIA DE ORIGEN

Se nos ha alentado a estar en desacuerdo entre nosotros durante tanto tiempo, que es difícil recordar un momento en el que varones y mujeres estaban tan bellamente conectados como los eslabones de una cadena. Regresemos a nuestro origen.

> *Después, el Señor Dios dijo: «No es bueno que el hombre esté solo. Haré una ayuda ideal para él».* (Génesis 2:18)

Esta es la primera vez que la Escritura menciona algo como "no bueno". Es importante notar que Dios no dijo que el hombre no era bueno; el hombre tenía propósito, estaba activo, y aun así no tenía una compañera íntima. Estaba solo, y eso no era bueno. Esta es también la primera vez que vemos una carencia destacada en medio de la abundancia del Edén. El paraíso tenía un problema: su guardián estaba solo.

> *Pero aún no había una ayuda ideal para él.* (v. 20)

Cada criatura tenía una contraparte, un reflejo, alguien similar pero exclusivamente diferente, excepto el hombre. El hombre fue creado a imagen de Dios, pero no tenía a nadie que lo reflejara. Anhelaba a otro, una unión que era más de lo que sabía cómo describir o crear.

Su anhelo por algo *más* produjo una disposición para dar más de lo que pensábamos posible. Es la razón por la cual las mujeres continúan dando a luz, sabiendo tanto el riesgo como el dolor involucrados. Es la razón por la que hombres y mujeres de servicio dejan todo lo que aman para luchar guerras a fin de proteger un futuro del que puede que no formen parte. Creo que por eso Dios hizo que el hombre pusiera su vida para que llegara la mujer.

> *Entonces el Señor Dios hizo que el hombre cayera en un profundo sueño. Mientras el hombre dormía, el Señor Dios le sacó una de sus costillas y cerró la abertura.* (v. 21)

No hay modo de evitar el paralelismo entre esto y una cirugía. Dios formó a la mujer del hombre. Dios habló para dar existencia a todo lo creado, pero al hombre y la mujer los formó con sus manos. El hombre se rindió ante Dios con la esperanza de lo que podría ser (la mujer).

La mujer fue la respuesta de Dios al problema del hombre. El hombre necesitaba a la mujer. ¿Qué significa esto para nosotras? Significa que nuestro propósito, nuestro origen en la creación, fue la respuesta a un problema profundo y doloroso de soledad. La mujer es la respuesta íntima al varón. Fueron diseñados el uno para el otro.

Dios no creó a la mujer para ser dominada o abusada por el hombre, de la misma manera que no creó al hombre para manipular o dominar a la mujer. La mujer fue creada para ayudarlo de una manera que solo ella podía hacerlo. Creo que fue diseñada para ser la guardiana de su corazón. Es importante señalar que brindar ayuda no te hace inferior... te hace necesario. En la mujer, el hombre encontró lo que le faltaba cuando estaba solo. Su introducción cambió lo que era "no bueno" a "muy bueno".

El profundo anhelo dentro de él cobró vida y se presentó ante él. Su búsqueda había terminado. Ahora había alguien con quien compartir su próspero Edén (ver Génesis 2:15).

BRINDAR AYUDA NO TE HACE INFERIOR...
TE HACE NECESARIO.

Los anhelos profundos se abren camino en nuestros sueños. Me gusta imaginar que mientras el hombre dormía, soñaba con la mujer. Ella era su esperanza. Esto presagiaba cómo Cristo daría su vida por la Iglesia: su novia. Nosotros somos la novia nacida de su muerte. Jesús nos dice en Juan 12:24: *Les aseguro que, si la semilla de trigo no cae en tierra y muere, se queda solo. Pero si muere, produce mucho fruto.* (NVI)

El hombre sabía lo que significaba plantar. La mujer fue el fruto nacido de la costilla del hombre. Textos rabínicos y bíblicos se refieren a la creación de la mujer como formada por Dios a partir de la costilla del hombre. Algunas versiones dicen que la mujer fue tomada del costado del hombre. Ambas expresiones indican que la mujer surgió del hombre. Antes de la caída, incluso sus nombres reflejaban su alineación divina.

La palabra hebrea para varón es *ish* y para mujer es *ishah* o *isha*. La estructura genética del varón es el par de cromosomas XY, y la de la mujer es XX. Parece que nuestro Creador aisló el cromosoma X del varón y lo elevó al cuadrado.

> La mujer es parte del hombre; por esta razón, un hombre deja la casa de sus padres para encontrar a una mujer que lo restaure, por así decirlo, a su plenitud original.
>
> Rav Chaim Navon[1]

En el amanecer de la creación, la mujer sabía que era del hombre y para el hombre. Siempre fue destinada para él porque fue diseñada de él y para él. Pero no confundas la palabra *para* como una descripción de uso o propiedad.

> *Luego Dios los bendijo con las siguientes palabras: «Sean fructíferos y multiplíquense. Llenen la tierra y gobiernen sobre ella.*

Reinen sobre los peces del mar, las aves del cielo y todos los animales que corren por el suelo». (Génesis 1:28)

Dios les dio al hombre y a la mujer dominio sobre todo, excepto sobre ellos mismos. No había lucha de poder; eran dos, íntimamente unidos en cuerpo y propósito, y el enemigo lo odiaba. Fue entonces cuando todo se desmoronó.

LA CAÍDA

La serpiente era el más astuto de todos los animales salvajes que el Señor Dios había hecho. Cierto día le preguntó a la mujer:
*—¿**De veras Dios les dijo** que no deben comer del fruto de ninguno de los árboles del huerto? —Claro que podemos comer del fruto de los árboles del huerto—contestó la mujer—. Es solo del fruto del árbol que está en medio del huerto del que no se nos permite comer. Dios dijo: "No deben comerlo, ni siquiera tocarlo; si lo hacen, morirán".*
—¡No morirán! —respondió la serpiente a la mujer—. Dios sabe que, en cuanto coman del fruto, se les abrirán los ojos y serán como Dios, con el conocimiento del bien y del mal.
(Génesis 3:1-5, énfasis añadido)

El conocimiento del bien y del mal nunca es un buen sustituto para el conocimiento de Dios. Hasta este punto, el hombre y la mujer habían caminado en comunión íntima con su Creador y el uno con el otro.

La serpiente hizo que la mujer pensara que le faltaba algo. Es asombroso que la mujer buscara algo que no debía tener (igualdad con Dios) y, en el proceso, perdiera algo que ya tenía el potencial de poseer (sabiduría). Al tergiversar las palabras de Dios, la serpiente apeló a su deseo de ser como Dios, pero apartados de Él. Tanto el hombre como la mujer intentaron tomar un rol que no les correspondía. Siglos después, la simiente de la mujer, Jesús, revertiría su error cuando la cruz se convirtiera en nuestro árbol de la vida.

Fueron creados a imagen de Dios, pero no iguales a Él. La imagen de algo habla de un reflejo, no de una totalidad. La retórica engañosa de la serpiente les hizo pensar que estaban ganando algo cuando, en realidad, les estaban robando. En lugar de ser iluminados, su entendimiento se oscureció. Esta semilla del dragón les robó su autoridad y su posición fingiendo ser amigable. Cuando el engaño habla, olvidas quién eres y confundes a enemigos con aliados.

Al robarles su inmortalidad, sus vidas se encaminaron hacia la muerte y su luz se convirtió en vergüenza. El dominio se erosionó y se transformó en dominación por parte del hombre y manipulación por parte de la mujer. El orden de la creación cayó en el caos a medida que la multiplicación dio paso a la división.

Después de esta caída, Adán llamó a su esposa Eva (*chava*) porque sería la madre de la raza humana. En cierto modo, el papel de la mujer se convirtió en su nombre.

La humanidad sufrió pérdidas en todos los niveles de relación. El vínculo íntimo entre el hombre y la mujer se quebró por la división y la desconfianza. Esto se filtró hacia la pérdida en las relaciones entre hermanos y hermanas. El lazo entre padres e hijos se tensó. La relación entre las personas y la tierra quedó comprometida. Necesitamos que el evangelio de esperanza y restauración se haga realidad en cada área que sufrió pérdida. Jesús inició el proceso de restauración que continuamos avanzando.

> *Pues él debe permanecer en el cielo hasta el tiempo de la restauración final de todas las cosas, como Dios lo prometió hace mucho tiempo por medio de sus santos profetas.*
>
> (Hechos 3:21)

Dios creó al hombre y a la mujer con una conexión tan íntima que lo que hiere a uno hiere al otro; y lo que sana a uno sana al otro. En este momento, ambos sexos/géneros necesitan sanidad.

Me gusta pensar en el hombre y la mujer como dos caras de una moneda rara. Cada cara de la moneda lleva una imagen diferente. Por ejemplo, el American Gold Eagle tiene la cabeza de un magnífico águila en un lado, y en el otro lado una gloriosa mujer con una antorcha en una mano y una rama de árbol en la otra. Para que la moneda conserve su valor, ambas caras deben estar en perfectas condiciones. Si cualquiera de los lados se desfigura, el valor total de la moneda disminuye. De la misma manera, las mujeres nunca aumentarán su valor devaluando a los hombres, del mismo modo que el valor de los hombres no se elevará oprimiendo a las mujeres.

La restauración de dinámicas relacionales saludables entre hombres y mujeres no ocurrirá atacando y culpando a los varones por los males actuales, ni tampoco será sanada por culpar a las mujeres. El culpable es el dragón. Cuando luchamos por nuestra identidad divina, también luchamos por un regreso al alineamiento divino de hombres y mujeres.

¿Qué puedes hacer para ser parte de la restauración del varón y mujer?

¿Qué puedes dejar de hacer?

¿Qué es lo que puedes orar?

Capítulo 7

La lucha por el alineamiento divino

Si alguna vez llega un momento en el que las mujeres del mundo se juntan pura y simplemente para el beneficio de la humanidad, será una fuerza que el mundo jamás ha conocido.
—Matthew Arnold, poeta y filósofo inglés

Todavía recuerdo leer por primera vez esta cita. Mi reacción fue visceral. Sentí que las palabras entraban en mi pecho y resonaban por todo mi ser. Me sorprendió que una línea escrita en el siglo XIX diera sentido y razón a nuestro momento en la historia. Puede que llorara. Algo sagrado despertó. Preguntas inundaron mi mente. ¿Era esto posible? ¿Podrían sus palabras convertirse en un mandato para las mujeres de nuestro tiempo?

Durante más de una década he observado lo que sucede cuando comparto esta cita. Hay un suspiro colectivo entre el público femenino. Luego, aparecen teléfonos para capturar las palabras de la cita. Si esto resonó hace una década, ahora debería atravesar profundamente nuestros corazones femeninos.

Pero *si* es una palabra complicada y llena de incertidumbre. *Si*, nos dice que debe cumplirse una condición para que ocurra un evento.

Este *si* está ligado a una trilogía de tiempo, motivo puro y mujeres unidas.

Esta esperanza depende de la acción y la voz colectiva de las mujeres. Podría suceder en nuestra época. Si estamos libres de ofensas y nuestros motivos son puros. Las hijas de este tiempo tendrían que reunirse con la esperanza de beneficiar a todos.

Esto ya no es una cuestión de *si podemos*; ahora es una cuestión de disposición. Si estamos dispuestas, Dios es capaz. Mucho antes de que un filósofo británico sugiriera esto, la Palabra de Dios lo profetizó:

> *El Señor da la orden; las mujeres que anuncian las buenas noticias son un poderoso ejército.*
>
> (Salmos 68:12, CJB, traducción libre)

Dios busca que muchas mujeres tengan una sola voz; que a su palabra declaren el evangelio, unidas en el propósito del cielo. La unidad de propósito funciona, ya sea que la intención sea para el mal o para el bien. Esto se ilustra en Génesis 11, cuando un pueblo se unió para construir la torre de Babel.

> *Entonces el Señor dijo: «Todos forman un solo pueblo y hablan un solo idioma; esto es solo el comienzo de sus obras y todo lo que se propongan lo podrán lograr».* (v. 6, NVI)

Si Dios dijo que nada sería imposible para un pueblo unido en rebelión, entonces ¿cuánto más será posible cuando mujeres piadosas centran sus corazones en la voluntad de Dios para sus vidas y familias?

Cuando nos reunimos en unidad y de acuerdo con la Palabra de Dios, eso es bendecido. Salmos 133:1-3 nos dice que, cuando los hermanos habitan en unidad y armonía, hay una bendición, y creo que lo mismo se aplica a las hermanas. Este enfoque está en línea con nuestros orígenes creativos: transformar la dinámica de "no es bueno" del hombre solo, a la dinámica de "muy bueno" de varón y mujer juntos. Esta convergencia de dos que vuelven a ser uno en propósito y búsqueda generaría una fuerza antes desconocida.

¿Cuántas mujeres se necesitarían para esto?

SOLO BASTARON DOCE

Jesús comenzó su obra de transformar el mundo con doce hombres que estaban dedicados al evangelio. Esos doce discipularon a otros hasta que las buenas noticias de Jesucristo alcanzaron los cuatro rincones del mundo.

En la historia reciente, doce mujeres comprometidas adoptaron esta estrategia por razones muy diferentes. En lugar de unirse para el bien de la humanidad, se unieron para la destrucción de la cultura occidental. El siguiente es un extracto de un artículo escrito por Mallory Millett, hermana de la feminista radical de la segunda ola Kate Millett:

> Era 1969. Kate me invitó a acompañarla a una reunión en la casa de su amiga, Lila Karp. Llamaron a la asamblea un "grupo de crear consciencia", un ejercicio típico comunista, algo practicado en la China maoísta. Nos reunimos alrededor de una gran mesa mientras la presidenta abrió la reunión recitando preguntas y respuestas, como una letanía, un tipo de oración que se hace en la iglesia católica. Pero ahora era marxismo, la Iglesia de la Izquierda, imitando una práctica religiosa:
>
> "¿Por qué estamos aquí hoy?", preguntó.
> "Para hacer la revolución", respondieron.
> "¿Qué tipo de revolución?", replicó.

"La Revolución Cultural", corearon.
"¿Y cómo hacemos la Revolución Cultural?", exigió.
"¡Destruyendo a la familia estadounidense!", respondieron con entusiasmo.
"¿Cómo destruimos a la familia?", dijo.
"¡Destruyendo al Patriarca Americano!", gritaron exaltadas.
"¿Y cómo destruimos al Patriarca Americano?", preguntó.
"¡Quitándole el poder!".
"¿Cómo hacemos eso?".
"¡Destruyendo la monogamia!", gritaron.
"¿Cómo podemos destruir la monogamia?".
"¡Promoviendo la promiscuidad, el erotismo, la prostitución y la homosexualidad!", respondieron.

Procedieron con una larga discusión sobre cómo avanzar en estos objetivos estableciendo la Organización Nacional de Mujeres. Quedó claro que deseaban nada menos que la completa deconstrucción de la sociedad occidental. La conclusión fue que la única manera de lograrlo era "invadir cada institución estadounidense. Todas deben ser inundadas por 'La Revolución': los medios de comunicación, el sistema educativo, las universidades, las escuelas secundarias, los consejos escolares, etc.; luego, el poder judicial, las legislaturas, los poderes ejecutivos e incluso el sistema de bibliotecas.[1]

Ahí lo tienen.

Con claridad y convicción, lograron superar sus sueños más osados.

Doce mujeres comenzaron una revolución que infiltró con éxito todas las esferas de la cultura estadounidense. Incansables y decididas, sembraron metódicamente su mensaje en y a través de cada canal mencionado antes. La división y el descontento se extendieron por los hogares estadounidenses como un virus. La clave de su exitosa revolución cultural fue la deconstrucción sistemática de la familia. Y ninguno de nosotros debería sorprenderse por sus palabras. Kate Millett se declaró lesbiana en 1970, se identificó como bisexual durante su matrimonio de veinte años con el escultor Fumio Yoshimura, y después se casó con Sophie Keir.[2]

Las feministas siempre han sido abiertas y sinceras sobre sus objetivos. En 1970 la activista Robin Morgan dijo: "No podemos destruir las desigualdades entre hombres y mujeres hasta que destruyamos el matrimonio".[3]

Y no estaba sola en su pensamiento. La cofundadora de la revista *Ms.*, Gloria Steinem, pronunció famosamente una cita de Irina Dunn: "Una mujer sin un hombre es como un pez sin una bicicleta", lo cual puede traducirse como que, una vez más, los hombres son innecesarios.

Primero hubo una perforación que rápidamente se convirtió en un desgarrón. Esta ruptura en el tejido de la familia comenzó con una brecha de intimidad entre el hombre (referido como el Patriarca Americano) y la mujer. Observemos que el modo en que propusieron *quitarle su poder* fue alejando a las mujeres de su lado "patriarcal". Esto significaba desmantelar el matrimonio.

En lugar de que los hombres fueran llamados padres y esposos, se convirtieron en "patriarcas" y opresores. Las etiquetas funcionan como magia para fomentar rápidamente prejuicios. Las etiquetas crean divisiones que obligan a las personas a tomar partido. Despersonalizan y agrupan a los individuos en una categoría de "todos". De esa manera, las partes pueden convertirse en un todo odiado. Al asignar los atributos de algunos hombres a todos los hombres, todos los hombres se convirtieron en tiranos que oprimían a las mujeres. Las feministas degradaron eficazmente la alianza íntima entre esposo y esposa, transformándola en la relación entre el opresor y la oprimida. De repente, las mujeres creyeron que estaban ayudando y favoreciendo a sus enemigos (y algunos hombres eran realmente horribles). Una vez más, se demostró que "toda ciudad o familia dividida contra sí misma no se mantendrá en pie" (Mateo 12:25, NVI). Los matrimonios divididos dieron paso a hogares divididos.

La monogamia fue atacada estratégicamente en ambos frentes. A los hombres se les dijo que la monogamia era imposible, y se normalizó la promiscuidad. En 1968 los cines presentaron la primera película con clasificación X, y para 1975 la revista *Playboy* se había convertido en la revista masculina líder en el mundo. Mientras los hombres estaban fuera de casa viviendo su mejor vida, las mujeres eran descuidadas y se sentían atrapadas en casa con niños pequeños. Esta dinámica de esposos infieles y esposas insatisfechas resultó letal para la familia.

Las feministas aprovecharon esta traición. Gloria Steinem declaró audazmente que el matrimonio en sí mismo era "la privación de los derechos civiles de una mujer".[4] A pesar de que las mujeres ya habían ganado el derecho a la igualdad salarial en 1963, y la Ley de Derechos Civiles de 1964 había confrontado la discriminación por sexo; sin embargo, las líderes feministas de la segunda ola querían más y entraron en la lucha a finales de la década de 1960 con el objetivo de liberar a las mujeres del hogar.

La verdadera esperanza de la agenda marxista antes mencionada.

El movimiento feminista de la segunda ola difería enormemente de los grupos de mujeres anteriores que se habían centrado en la reforma moral, la abolición de la esclavitud, la protección de la familia y los valores bíblicos, la templanza con el alcohol y el derecho al voto de mujeres de todas las razas y etnias. En contraste, las feministas de la segunda ola promovieron un mayor acceso al aborto, la libertad reproductiva y la deconstrucción de la familia. A principios de la década de 1970 Phyllis Schlafly, una detractora contemporánea de esta agenda, advirtió que esto conduciría a una sociedad sin género con el potencial de devastar a la familia.[5] Sus palabras fueron ridiculizadas en ese momento, pero han demostrado ser trágicamente ciertas en nuestra época.

Se puso en marcha una nueva narrativa reforzada por la cultura. Los hombres eran tiranos infieles y las mujeres las víctimas indefensas desesperadas por la liberación. En lugar de exigir algo mejor de los hombres, decidimos unirnos a ellos. Era justo que las mujeres tuvieran las mismas libertades sexuales que los hombres. Con la llegada de "la píldora", ¡podían hacerlo!

Recuerdo el cambio. La tensión en nuestro hogar aumentó. Mi mamá puso un contrato en el refrigerador que obligó a mi papá a firmar. Si no cumplía con sus demandas para una fecha determinada, ella tomaría medidas e iniciaría el divorcio. El mensaje estaba en todas partes. Los hombres fueron advertidos. Las mujeres estaban rompiendo con los hombres. Pero ¿realmente se estaban liberando o estaban cambiando un amo por otro?

LAS ESCRITURAS DAN INSTRUCCIONES MUCHO MÁS DETALLADAS SOBRE CÓMO DEBEN CONDUCIRSE LOS ESPOSOS QUE SOBRE LA SUMISIÓN DE LAS ESPOSAS.

¿Por qué querrían las mujeres estar en la casa cuando podían estar en la oficina ganando dinero? Como el horario de trabajo era de nueve a cinco, los niños eran llevados apresuradamente a la escuela solo para regresar a una casa vacía, y nació la generación de los niños con llave. Cuando John y yo servíamos como pastores de jóvenes a finales de los años 80, las estadísticas citaban el período después de la escuela, de tres a cinco de la tarde, como el momento más probable para que los adolescentes tuvieran relaciones sexuales. Mujeres y hombres regresaban a la casa cada noche exhaustos. Las comidas se convertían en apurados rituales antes de pasar unas pocas horas juntos y luego apresurar a los niños a irse a la cama. Como la mayor parte de la vida de una familia se pasaba en la escuela o en la oficina, el hogar se convirtió en el lugar para dormir en lugar del lugar para vivir.

Esta es la cruda verdad: el movimiento por la liberación de la mujer no habría sido tan exitoso como fue si la Iglesia hubiera enseñado a hombres y a mujeres cómo vivir los unos con los otros y amarse. El tema de la sumisión en el matrimonio no siempre se ha presentado de un modo saludable. Las mujeres son subyugadas con frecuencia en lugar de ser nutridas. John y yo creemos que el matrimonio está formado por dos personas comprometidas a sacar lo mejor del otro. La Escritura enseña claramente a los varones a liderar como Jesús, y les advierte contra el mal uso de su posición como esposo y líder del hogar. Las Escrituras dan instrucciones mucho más detalladas sobre cómo deben conducirse los esposos que sobre la sumisión de las esposas. Como el cabeza del hogar, el esposo se convierte en el siervo principal. Efesios 5:28 (NVI) dice:

> *Así mismo [como Cristo] el esposo debe amar a su esposa como a su propio cuerpo. El que ama a su esposa se ama a sí mismo.*

Jesús modeló cómo debe liderar el esposo. Efesios 5:22-33 revela cómo el patrón de Cristo se refleja en el modo en que los hombres aman a sus esposas. Cuando un hombre ama a su esposa, se ama a sí mismo. El amor de Cristo da en lugar de tomar, y está comprometido en sacar lo mejor de su Iglesia. De la misma manera, un esposo debe liderar de una manera que saque lo mejor de su esposa y su familia. Al igual que Cristo, los esposos lideran con el ejemplo, *no* mediante intimidación o dominación de ningún tipo. Los hombres que abusan de su posición como esposos son los que están equivocados, y no la institución del matrimonio.

La evidente falta de este tipo de amor ayudó al movimiento feminista a ganar fuerza, y las personas asumieron que la institución del matrimonio estaba defectuosa en lugar de culpar a quienes participaban en ella. Al hacer de la excepción la regla, se alentó a las mujeres a librarse de los "grilletes" del matrimonio y la maternidad. Varón y hembra juntos se convirtieron en "malo" en lugar de "bueno".

Y la elección de palabras de Millett, "Patriarca Americano", se ha transformado en un término comúnmente usado para representar a los varones blancos. Veamos más de cerca esta etiqueta. Sabemos lo que significa *americano,* pero ¿cuál es el significado de patriarca? El diccionario Merriam-Webster define actualmente *patriarca* como "uno de los padres bíblicos de la raza humana o del pueblo hebreo", un "padre o fundador", y "el miembro más viejo o representante de un grupo".[6] Lo que me resulta curioso es que desde que comencé a escribir este libro, la definición de *patriarca* ha sido editada. En lugar de su definición actual de "padre o fundador", anteriormente era "el padre y gobernante de una familia o tribu", y en lugar de "el miembro más viejo o representante de un grupo", anteriormente era "un anciano merecedor de respeto". Estos cambios en las definiciones reflejan nuestra cultura actual. Pero ¿cómo se describió el Dios Altísimo a sí mismo cuando tuvo un encuentro con Moisés?

> *Yo soy el Dios de tu padre, el Dios de Abraham, el Dios de Isaac y el Dios de Jacob. Cuando Moisés escuchó esto, se cubrió el rostro porque tenía miedo de mirar a Dios.* (Éxodo 3:6)

Dios se vinculó con la línea patriarcal de los hebreos. Esto no significa que las mujeres fueran poco importantes o no estuvieran involucradas, porque sin mujeres no hay legados; sin embargo, Él es Dios el Padre, Dios el Espíritu Santo, y Jesús es Dios el Hijo. Dios y Jesús son más que hombres, pero nos referimos a ambos con designaciones masculinas: padre, esposo, hermano, novio e hijo.

Esto plantea otra pregunta: ¿cómo podemos estar de acuerdo con la denigración actual de las palabras *masculino* y *masculinidad*? Ninguna de ellas es intrínsecamente tóxica; sin embargo, las palabras *tóxico* y *masculinidad* se han asociado con tanta frecuencia que para algunos es difícil imaginar usar una sin la otra. En un movimiento audaz alejado de la "masculinidad tóxica", las mujeres de la Generación Z están comenzando a referirse a los hombres de carácter más sensible y sumiso como "muy nena".[7] Y ¿qué mujer en su sano juicio querría vivir su vida con un tipo que se comporta como una niña?

En lugar de pervertir las palabras o apoyar comportamientos tóxicos, busquemos maneras de alentar a los hombres hacia una *masculinidad saludable*. Esto pocas veces se logra pasando la definición por las mujeres primero. Son los hombres quienes conocen el espectro de lo que es saludable para los hombres biológicos. Cuando se anima a los hombres a actuar como mujeres y a las mujeres a actuar como hombres, ambos géneros se alejan de sus posiciones de fortaleza.

En la década de 1970 acciones respetuosas tan inocentes como que los hombres se pusieran de pie cuando una mujer entraba a una habitación, les acercaran la silla o les abrieran las puertas, se percibían como insultos. Declaramos que éramos más que capaces de abrir nuestras propias puertas y acercar nuestras propias sillas. Todo cierto, pero estas acciones nunca se trataron de nuestra falta de fuerza; eran acciones de respeto y deferencia. A lo largo de los años ha disminuido drásticamente el número de hombres que por una formalidad de honor, abren las puertas a las mujeres.

Lo que el movimiento feminista *no* alentó fue una dinámica saludable entre varones y mujeres donde ambos sexos ganaran. ¡Ahora era el turno de las mujeres! La opción de matrimonios piadosos no hizo nada por avanzar su causa. Los ejemplos de hombres fieles que amaban, protegían, nutrían y proveían para sus esposas y familias fueron eliminados de sus ecuaciones, pero así es como la autoridad saludable de un esposo o padre sirve a los que están bajo su cuidado.

BUSQUEMOS MANERAS DE ALENTAR A LOS HOMBRES HACIA UNA *MASCULINIDAD SALUDABLE.*

Viticultura es un término comúnmente usado para el cuidado y el cultivo de las vides para asegurar su salud y productividad. Salmos 128:3 describe los hogares saludables de esta manera:

Tu esposa será como una vid fructífera,
floreciente en el hogar.
Tus hijos serán como vigorosos retoños de olivo
alrededor de tu mesa.

Esto describe de manera hermosa un hogar floreciente; pero cuando los hombres dominan, sus esposas dejan de ser vides fructíferas y se convierten en vides marchitas. En la batalla de los sexos ambas partes sufren pérdidas, y como en la mayoría de las guerras, ambas partes están equivocadas de alguna manera. La imagen de mujeres que sacrifican sus voces y sueños ante los caprichos de esposos egoístas e hijos necesitados contrasta profundamente con los valores judeocristianos, que apoyan que las mujeres vivan vidas plenas y satisfactorias. ¿Quién podría olvidar a la mujer envidiable de Proverbios 31, que compró un campo rentable, plantó un viñedo, produjo lino y lo vendió? Ella cuidaba de los que se resguardaban en su hogar y proveía para los pobres y necesitados. Estaba libremente empoderada para florecer, ¡y su esposo alababa y celebraba su éxito! La satisfacción se produce cuando llegamos más allá de nosotros mismos, conectándonos con el Dador de la vida y tocando las vidas que Él quiere amar a través de nosotros.

Una generación de mujeres cometió el error de pensar que "ama de casa" y "madre" eran sus identidades, cuando ambas eran simplemente roles. En su libro *La mística de la feminidad*, Betty Friedan se aprovechó del vacío que estas mujeres sentían cuando estaban rodeadas de cosas pero espiritualmente desconectadas. En lugar de buscar una relación con su Creador, las mujeres vieron el matrimonio y a los hombres como el problema. Curiosamente, el feminismo ascendió a la prominencia junto con el movimiento de Jesús. La respuesta que las mujeres buscaban era la renovación espiritual, pero en su lugar muchas se aferraron al feminismo, lo cual solamente agravó el problema.

Mientras investigaba, comencé a preguntarme si las feministas han tomado más en serio las palabras de Génesis que la iglesia misma. Ellas entendieron que cuando los hombres están solos, son vulnerables y más fácilmente corrompidos. Sabían que la unión de varón y mujer era una unión poderosa que debía ser desmantelada en lugar de sanada. La devastación del matrimonio no es un fenómeno limitado a Estados Unidos.

> Casi el 90 % de la población mundial vive ahora en países con tasas de matrimonio en declive. En Estados Unidos, el matrimonio ha disminuido en un 60 % desde la década de 1970, mientras que la edad media para el primer matrimonio ha aumentado tanto para hombres como para mujeres.[8]

Una generación observó cómo los matrimonios de sus padres se desintegraban y decidió que el matrimonio no era nada. No puedo contar las veces que parejas que viven juntas me han dicho que el matrimonio es solo un pedazo de papel. No ven el matrimonio como un pacto entre tres: el hombre, la mujer y Dios, quien hace de los dos, uno. Decepcionados por sus padres, rechazan los patrones de ellos. En lugar de luchar por construir un matrimonio saludable, un número cada vez mayor se niega a casarse. Para muchos, esta negativa significa que nunca serán padres. Los matrimonios rotos engendran niños rotos, y los niños rotos se convierten en personas marginadas.

RESTAURACIÓN Y RESCATE

Las culturas saludables se construyen sobre (y con) familias saludables. No hay matrimonios o familias perfectas, pero todos podemos aprender cómo llevar el matrimonio y la familia de maneras más saludables. John y yo somos prueba viviente de que pueden nacer familias hermosas de pasados quebrados.

Una mañana de Navidad, me quedé asombrada por la fidelidad de Dios. Observé a dos parejas en pijama abrazándose en mi cocina, mientras que las otras dos parejas jugaban y luchaban con mis nietos delante del árbol de Navidad. Esa nunca fue mi experiencia en mi familia de origen. Cada Navidad había peleas. Si alguien no recibía lo que quería, todos pagábamos el precio. John y yo decidimos hacer la Navidad con nuestra familia de manera diferente; nuestro enfoque está en dar, no en recibir. En más de un sentido, decidí no seguir los patrones poco saludables de mis padres, pero en lugar de abandonar el matrimonio y la familia, decidimos construir nuestros patrones siguiendo el modelo de Dios.

Creo que el objetivo del enemigo es desmantelar la familia; por lo tanto, nuestro objetivo debe ser restaurarla. No podemos confiar esta restauración al gobierno o la cultura, porque actualmente ambos han sido influenciados por el dragón. El profeta Isaías habló sobre el desafío de nuestros días:

> *¿Se podrá arrebatar el botín a un gigante, o rescatar al prisionero del tirano?* (Isaías 49:24, MSG, traducción libre)

Estas son las preguntas que escucho: ¿pueden ser rescatados nuestros hijos? ¿Pueden restaurarse los matrimonios? ¿Podemos recuperar la privacidad y seguridad de nuestros espacios femeninos? ¿Será nuestra nación salvada? Y Dios responde:

> *Pero Dios dice: Aunque un gigante se aferre al botín*
> *y un tirano mantenga prisionero a mi pueblo,*
> *yo estoy de tu lado,*
> *defendiendo tu causa, rescatando a tus hijos.*
> (v. 25, MSG, traducción libre)

Dios siempre está del lado del rescate.

Dios siempre está del lado de la redención.

Dios siempre está del lado de la libertad de la cautividad.

Dios siempre está del lado de los oprimidos y desalentados.

Sin embargo, una vez más es crucial recordar que no luchamos contra carne y sangre. Estamos en una lucha cósmica por rescatar el matrimonio y la familia. Luchamos *por* las personas. Repasemos algunas de las tácticas que nos llevaron al lugar donde estamos ahora para poder revertirlas:

> ¿Por qué estamos aquí?
> *Para comenzar la restauración.*
> ¿Qué tipo de restauración?
> *Una restauración espiritual.*
> ¿Cómo comienza la restauración?
> *Restaurando la familia.*
> ¿Cómo se restaura la familia?
> *Mediante el renacimiento y el perdón.*
> ¿Cómo comienza eso?
> *Comienza conmigo.*
> ¿Cómo comenzarás?

Honrando al varón y a la mujer.
¿Cómo los honramos?
Restaurando el dominio a ambos.
¿Cómo hacemos eso?
Honrando el diseño de Dios.
¿Cómo honramos el diseño de Dios?
Protegiendo el matrimonio y la familia.
¿Cómo protegemos el matrimonio y la familia?
Rompiendo la asociación con la oscuridad y siguiendo a Cristo.

Los matrimonios saludables son clave porque el matrimonio ha de reflejar en la tierra la relación de Cristo con la Iglesia. El mal se evita mejor haciendo el bien y siguiendo a Dios. La intimidad sagrada en el matrimonio con uno es lo opuesto a la tendencia actual de promiscuidad perversa con muchos. La familia importa porque Dios es nuestro Padre, y todos somos sus hijos.

Esta batalla requerirá algo más que legislación; se ganará con amor y obediencia. Bajo el lema "Las marcas del verdadero cristiano" en la Biblia ESV (*English Standard Version*), Romanos 12:9 nos dice:

> *Que el amor sea genuino. Aborrezcan lo malo; aférrense a lo bueno.* (Traducción libre)

Y aquí está la tensión de nuestro tiempo. Es fácil aborrecer lo malo o aferrarse a lo bueno, pero la restauración y el rescate requiere que hagamos ambas cosas a la vez, y ese es nuestro desafío. El amor genuino encuentra un camino. Este es el acto de balance que todos enfrentamos. Siempre es más fácil aborrecer el mal que vemos en otros mientras ignoramos el mal que se esconde en nuestro interior. *Aborrecer* es una palabra intensa que significa "considerarse con extrema repugnancia: sentir odio o aversión".[9] Nunca pondrás excusas para las cosas que aborreces.

Quiero regresar a las poderosas palabras de Matthew Arnold e invitarte a escucharlas como si te las estuvieran diciendo a ti:

"Si alguna vez llega un momento". *Si no es ahora, ¿cuándo?*

"En el que las mujeres del mundo se juntan". *¿Por qué no nosotras?*

¿Por qué no comenzamos a hacer esto?

¿Cuánta más oscuridad deberá haber? ¿Cuánto más deben robar a nuestras hijas antes de que la maldad de nuestro tiempo sea confrontada por nuestras oraciones y acciones?

Necesitamos mujeres de todas las edades, posiciones, razas y demografías. Necesitamos abuelas, madres, solteras, casadas, hermanas e hijas.

Necesitamos unirnos, recordando las encomiendas divinas de la feminidad: dadoras de vida, cuidadoras de heridas, proveedoras de sabiduría y bondad.

"Para el beneficio de la humanidad". *En nuestro tiempo se ha convertido en el* rescate *de la humanidad.*

"Será una fuerza [ellas] que el mundo jamás ha conocido". *Sí; que así sea.*

¿Qué puedes hacer para luchar por la alineación divina?

¿Qué puedes dejar de hacer a fin de crear más alineación entre varones y mujeres?

¿Qué es aquello por lo que puedes orar?

Capítulo 8

La lucha por la verdad

Una mentira no se convierte en la verdad, lo malo no se convierte en bueno, y la maldad no se vuelve buena simplemente porque es aceptada por la mayoría.

—Robert T. Washington

Era simplemente una fotografía de mí misma que yo había subido a Instagram. Estaba en mi auto llevando lentes de sol y una camiseta que decía: "El futuro es masculino y femenino". Mi frase no era complicada. Decía:

> "El futuro es masculino y femenino porque sin varón y mujer no hay futuro".

Eso era todo. Era sencillo. Yo no intentaba ser profunda. No pensé que el sentimiento era combativo; era reproducción biológica. Es cierto que lo que decía la camiseta era una versión ampliada de la frase más popular "El futuro es femenino".

La camiseta me la regalaron hace años en una conferencia de mujeres. La frase honra la relación interdependiente entre varón y mujer; sin embargo, por la reacción que generó la publicación en mis redes sociales, habrías pensado que era algo revolucionario. Casi de inmediato fui cuestionada.

¿Por qué querría yo minimizar la opresión de las mujeres?

Se sugirió que esa frase era un código para "todas las vidas importan"; ¿estaba haciendo yo una declaración racial?

¿Había sido coaccionada para firmar por el patriarcado?

El enojo en las mujeres cristianas era palpable.

Me sorprendieron los saltos en la lógica. ¿Cómo se convirtió la futura inclusión de los hombres en un endoso de cualquier opresión pasada? Las mujeres siguieron emitiendo desafíos en un tono similar. Tuve que preguntarme: *¿Estoy traicionando a las mujeres al defender a los varones?* El economista Thomas Sowell planteó una pregunta que todos debemos responder:

> ¿Hemos llegado al punto máximo de lo absurdo, donde algunas personas son responsabilizadas por cosas que ocurrieron antes de que nacieran, mientras que otras no son responsabilizadas por lo que ellas mismas están haciendo hoy?[1]

Sí, algunos hombres han oprimido a las mujeres en el pasado. Y sí, en algunas culturas los hombres todavía oprimen a las mujeres, pero eso no convierte a todos los hombres en opresores. En mi vida ha habido tanto hombres como mujeres que han desempeñado el papel de competidores y detractores, y tanto hombres como mujeres que me han animado a ser y hacer todo lo que Dios me creó para ser y hacer. Apuesto a que la mayoría de las mujeres en el mundo occidental compartirían mi historia. Incluir a los varones en el futuro de la humanidad no es un movimiento hacia un patriarcado poco sano. Amo a mi hermano, a mi esposo, a mis hijos y nietos. No puedo imaginar la vida sin ellos. Amo a los hombres en nuestro equipo. No fui coaccionada para "firmar" nada. Estaba incrédula. Pensé que éramos mujeres que predicaban la inclusión en lugar de la exclusión. ¿Realmente nos hemos vuelto tan amargadas que lanzamos este tipo de retórica estereotipada y absurda? Hay una victoria cuando ambos sexos son incluidos; y una pérdida cuando se excluye a varones o a mujeres.

Las preguntas continuaron: ¿hablaba mi mensaje sobre la reproducción? ¿Era anti-LGBTQ+? En primer lugar, para abordar el concepto de reproducción: sí, varón y mujer se asocian en la ecuación biológica de las generaciones futuras. La reproducción juega un papel importante, pero esa parte del argumento no equivale a la totalidad de la razón por la que tanto el hombre como la mujer son necesarios para un futuro saludable. Y en cuanto a ser "antialgo", sea cual sea la letra, esa idea no fue la razón por la que publiqué la fotografía.

Algunas mujeres argumentaron que los hombres están automáticamente incluidos y, por lo tanto, mencionarlos ahora era innecesario. ¿De veras? Vivimos en una época donde la claridad es sabiduría. ¿Cómo se sentirían las mujeres acerca de camisetas que dijeran: "El futuro es masculino"?

¡Creo que responderíamos que no hay varón sin mujer!

Otra defendió "El futuro es femenino" como una celebración de que las mujeres están avanzando en el mundo. Me advirtieron que no mimara a los hombres. Que ellos (los hombres) eran las personas con poder. ¿Eso los hace dignos de nuestro desprecio? ¿Cuándo la inclusión se convirtió en mimos?

Me sorprendió cómo una simple declaración de biología y nuestra realidad durante miles de años se había vuelto tan confusa. Me llamaron fanática por primera vez. Un hombre dijo que vestir una camiseta que incluyera a ambos sexos me convertía en un demonio del odio. Otro hombre aseguró que los hombres blancos en la Iglesia no me veían como su igual. Está bien. Sé quién soy en Cristo; soy coheredera, así que no importa lo que otros puedan pensar. Respondí: "No se trata de cómo me ven a mí; se trata de cómo los veo a ellos".

La fuerte crítica era alarmante.

Varias mujeres expresaron su sorpresa de que tal enojo y odio fueran dirigidos por mujeres cristianas hacia los varones. He aprendido que cuando las reacciones son tan intensas, hay algo más detrás de ellas. Vi la sombra de un dragón. Decidí abrir el telón para ver qué podía encontrar.

No fue difícil. Fue tan sencillo como buscar en Google: "¿Cuál es el origen de la frase 'el futuro es femenino'?".

Incluso yo me sorprendí por el origen de la frase. El eslogan proviene de una escuela de pensamiento feminista de los años setenta conocida como Labrys. Eran separatistas lesbianas que promovían el aislamiento temporal o permanente de los hombres y los heterosexuales. El nombre Labrys fue adoptado del hacha de doble filo llevada por las amazonas y las diosas griegas y romanas. El eslogan "El futuro es femenino" formaba parte de una presentación de ropa que se tituló "Lo que vestirá la lesbiana bien vestida". Fue impreso en productos y vendido en lugares limitados para financiar su misión.

Cuarenta años después, feministas colaboraron con la creadora original de los productos, Liza Cowan, para reclamar la frase. La marca fue actualizada y ampliamente comercializada en ropa y otros productos, con el 25 % de las ganancias designadas para Planned Parenthood. En una entrevista de 2015, Liza Cowan dijo: "El futuro es femenino era un llamado a las armas, una invocación... no solo un eslogan, sino un hechizo". Para 2017 la frase estaba en todas partes.[2] En este momento puedes ordenar camisetas unisex con el eslogan, modeladas por hombres, mujeres y niños.

Le pregunté a un adolescente qué pensaba sobre la frase. Hizo una pausa y luego respondió: "Que soy innecesario".

Las redes sociales están llenas de entrevistadores que preguntan a mujeres de todas las edades: "¿Son necesarios los hombres?", y cada una de ellas dice que no.

Puede que nunca nos hagan una pregunta tan directa, pero espero que vivamos de una manera que comunique claramente que los hombres son más que necesarios, son deseados. La feminidad tóxica nunca es la respuesta correcta a la masculinidad tóxica.

¿Es este el mensaje que queremos enviar a nuestros hijos? ¿A nuestros nietos? ¿A nuestros hermanos? ¿A nuestros esposos? ¿A nuestros amigos varones? ¿A nuestros compañeros de trabajo varones, jefes, empleados o líderes? Los hombres están batallando. Sus índices de suicidio son cuatro veces más altos que los de las mujeres.[3] Los *millenials* tienen más probabilidades que generaciones anteriores de cometer suicidio, y el pico más alto de suicidios se ha visto en varones de edades entre los quince a los veinticuatro años.[4] No me conformo con eso. No hay modo de negar que hay en movimiento un espíritu de odio hacia los varones.

Dicho eso, comprendo que también hay un espíritu de odio hacia lo femenino. He sido difamada y tratada injustamente por hombres cristianos. Soy la primera en reconocer esto, y gran parte de nuestra historia humana confirma que los hombres son capaces de actos horribles... pero también lo son las mujeres. He trabajado encubierta en burdeles de India, Tailandia, Camboya y Rumanía; he visto los horrores de la misoginia de primera mano. Y, sin embargo, varios de los burdeles que visité eran dirigidos por señoras. Siempre habrá ejemplos de lo peor en países azotados por la pobreza y la corrupción. Al mismo tiempo, la historia nos da ejemplos de hombres nobles de valor y también de mujeres virtuosas y sabias.

He sido lastimada por hombres, pero eso no significa que quiera herirlos o castigarlos. También he sido herida por mujeres... repetidamente. Mucho de esto se debe al pecado y a la experiencia humana. Toda la humanidad es capaz de cosas inimaginablemente oscuras e inhumanas, pero al mismo tiempo es capaz de actos profundamente empáticos y verdaderamente virtuosos. La mayoría de los días vivimos en algún punto intermedio. Es precisamente por eso que todos (varones y mujeres, jóvenes y ancianos) necesitamos la misericordia de un Salvador.

¿ABRAZAR LO FEMENINO O BORRARLO?

Cuando miré por primera vez la foto grupal de las separatistas lesbianas de la década de 1970, habría sido fácil confundirlas con hombres. Se habían despojado de todo rastro de feminidad. Solo los indicios de pechos las delataban; lo cual plantea la pregunta: ¿por qué las mujeres emularían aquello que despreciaban y de lo que buscaban escapar? ¿Eran los hombres a quienes odiaban, o la vulnerabilidad de su propia feminidad?

En su libro convincente y provocador, *The End of Woman* [El final de la mujer], la Dra. Carrie Gress nos ofrece esta perspectiva:

> Las feministas han trabajado arduamente para mitigar el sufrimiento de las mujeres, pero intentando eliminar nuestra vulnerabilidad, convirtiéndonos en imitaciones baratas de los hombres, e ignorando nuestra feminidad. Al tomar la dirección equivocada, el remedio prescrito realmente no puede arreglar nada. En cambio, ha borrado a las mujeres un paso cada vez.[5]

Ella continúa reconociendo que "en lugar de inspirar a las mujeres a desarrollarse como mujeres y reconocer la vulnerabilidad femenina, el objetivo ha sido hacer que las mujeres actúen, esperen y sueñen como hombres".[6]

Resulta trágico que al devaluar las virtudes femeninas fundamentales, las feministas sin querer prepararon el terreno para borrar a las mujeres. Después de alentar a las mujeres a comportarse como hombres, es comprensible que las feministas encuentren difícil criticar a los hombres que se presentan como mujeres. Esto responde en parte a por qué las voces feministas han estado mayormente en silencio ante al argumento de que "las mujeres trans son mujeres".

Cuando J.K. Rowling se atrevió a levantar su voz, fue amenazada con la cancelación y etiquetada como TERF (feminista radical excluyente de trans, por sus siglas en inglés).

El escritor Selwyn Duke advirtió: "Cuanto más se aleja una sociedad de la verdad, más odiará a quienes la declaran".[7]

En un mundo donde no hay lo incorrecto, tampoco puede haber lo correcto. En un mundo donde cada quien tiene su propia verdad, no existen las mentiras. Lo único incorrecto es decir que existen el bien y el mal, o la verdad y la mentira.

En tiempos de confusión, vivir la "verdad" es más poderoso que declarar la "verdad". En respuesta a una religión que predicaba verdad sin amor, nuestra cultura ahora declara amor sin verdad; sin embargo, la verdad y el amor deben coexistir. Dios es amor y verdad. Los dos no pueden separarse. Uno sin el otro distorsiona ambos. La verdad declarada pero no vivida es hipócrita y contradictoria.

Si te atreves a decir la verdad, puedes ser acusado de odio. Tan solo asegúrate de que la acusación no sea precisa. Jesús murió por todos y nos ama a todos, incluso a tus acusadores. Mira más allá de las reacciones de la gente y declara la verdad en amor.

Recuerdo que hubo mucha ira cuando Roe vs. Wade fue revocado. Este fue un litigio judicial que ocurrió en 1973, allí la Corte Suprema de los Estados Unidos dictaminó que la Constitución protegía la libertad de una mujer embarazada para elegir abortar. Cuando ocurrió la revocación en 2022, una joven arremetió contra mí y dijo que pronto estaría muerta y que la decisión nunca me afectaría. Yo podría haber argumentado cómo afectaría a mis hijos y nietos, pero cuando me detuve y releí sus palabras, lo que vi fue temor; por lo tanto, en lugar de defender mi posición, declaré paz a sus temores.

QUÉ ES LA VERDAD

Después de una larga temporada de "mi verdad" y "tu verdad", volvamos a considerar qué es la verdad y qué no lo es. La verdad no es una opinión, un sentimiento o una experiencia. La verdad no está limitada por la perspectiva. La verdad es el todo en lugar de un fragmento. La verdad es más que un hecho o una realidad porque tiene una naturaleza trascendente y eterna. Como seguidora de Jesucristo, creo que Él es la Verdad. Creo que la verdad es un Quién, no un qué. Él murió para que podamos conocer la verdad y experimentar verdadera libertad y vida en Él.

Por generaciones, personas han muerto por esta creencia; muy pocas están dispuestas a morir por una mentira. Mentir es el lenguaje del dragón. Él sabe que mentir nos deshace. El cuerpo humano pierde fuerza cuando está bajo el abrazo de una mentira. La kinesiología, o pruebas musculares, ha demostrado que esto es cierto.[8] Cuando nacemos de nuevo, las mentiras son incompatibles con Aquel que es la verdad. La verdad es algo más que ser veraz; es elevar nuestra alma y someter nuestra voluntad a nuestro Señor y Salvador, quien es la Verdad.

LA VERDAD NO ES UNA OPINIÓN, UN SENTIMIENTO O UNA EXPERIENCIA. LA VERDAD NO ESTÁ LIMITADA POR LA PERSPECTIVA.

En *Common Sense* [Sentido común], el filósofo y activista político Thomas Paine escribió:

"Un largo hábito de no considerar algo como malo le da una apariencia superficial de ser correcto".[9]

Cuando las mentiras se repiten con frecuencia, las personas comienzan a creer que las falsedades son verdad; pero una mentira repetida no es más que una mentira multiplicada. La frecuencia no puede convertir una mentira en verdad. Una mentira siempre será una mentira. Y así como no hay acuerdo entre hijas y dragones, tampoco puede haber acuerdo entre mentiras y verdad. Jesús es el Señor de la verdad y la luz; Satanás es el señor oscuro de las mentiras. No hay superposición. Las mentiras son el manto sombrío que busca manipular. La verdad es la luz que revela lo que es correcto y bueno.

ESCOGE LA VERDAD, NO BANDOS

Hemos sido advertidos:

> *Es bueno que sepas que, en los últimos días, habrá tiempos muy difíciles. Pues la gente solo tendrá amor por sí misma y por su dinero. Serán fanfarrones y orgullosos, se burlarán de Dios, serán desobedientes a sus padres y malagradecidos. No considerarán nada sagrado. No amarán ni perdonarán; calumniarán a otros y no tendrán control propio. Serán crueles y odiarán lo que es bueno.* (2 Timoteo 3:1-3)

Creo que los días muy difíciles están aquí. La degradación siempre comienza con un socavamiento sistemático de la estructura y la verdad.

John y yo en ocasiones recibimos una "palabra", o lo que algunos llaman una profecía, pero cuando la recibimos, suele ser desafiante. Cuando teníamos poco más de treinta años, un ministro nos señaló entre una multitud y dijo: "Dios les está pidiendo que se paren en el medio y declaren la verdad, y debido a que Él los ha llamado a hacer esto, serán atacados por ambos lados".

Pensé: *¡Eso suena horrible!* No me importaba la primera parte, pero la segunda mitad era desalentadora. ¿Quién quiere ser atacado desde ambos lados? Yo era una mamá joven que quería estar a salvo y encajar. Al mirar atrás a estas últimas tres décadas de nuestra vida, me doy cuenta de que no estaba equivocado. Y, sin embargo, me pregunto si esta no es una palabra oportuna para todos nosotros.

> *Pero si les parece mal servir al Señor,* ***elijan ustedes mismos a quiénes van a servir:*** *a los dioses que sirvieron sus antepasados al otro lado del río Éufrates o a los dioses de los amorreos, en cuya tierra ustedes ahora habitan. Por mi parte, mi familia y yo serviremos al Señor.* (Josué 24:15, NVI, énfasis añadido)

Escoge en este día. No un bando, sino a quién servirás. El Señor que elijas determina de qué lado estás. No hay terreno neutral ni Suiza en el reino. Hay que tomar una decisión. Si te niegas a elegir a quién servirás, tomarán la decisión por ti.

DIOS LES ESTÁ PIDIENDO QUE SE PAREN EN EL MEDIO Y DECLAREN LA VERDAD

Elegir bandos siempre es más fácil. Somos rápidos para creer lo peor unos de otros y lentos para creer lo mejor. Es hora de cambiar eso. El fin de semana histórico en que Roe vs. Wade fue revocado, yo estaba en Fort Worth en una gran reunión de mujeres que creían que este fallo era una respuesta a sus oraciones y algo digno de celebración. Más de mil mujeres en esta reunión lloraron, bailaron, oraron, se arrepintieron y aplaudieron. Publiqué varias veces la explosión de alabanzas en el único canal de redes sociales que uso, Instagram, tanto en mi *feed* como en mis historias. Al día siguiente volé a casa, dejé mi teléfono y me concentré en la boda de mi último hijo, su hermosa novia, y los amigos y familiares que habían llegado para celebrarlo con ellos.

Sin embargo, mientras los veíamos intercambiar votos, una representante de la feminidad piadosa arremetió, difamando a quienes no habían publicado en su plataforma de redes sociales preferida. Yo no fui la única a quien atacó; también señaló a varias ministras femeninas. Una estaba en el extranjero y otra se estaba recuperando de una cirugía.

¿Por qué menciono esto?

Es una cosa que la cultura se comporte de manera divisiva y destructiva, pero otra completamente diferente cuando los hijos del reino actúan de esa manera. Pablo advirtió a la iglesia de los Gálatas:

> *Pero si siguen mordiéndose y devorándose, tengan cuidado, no sea que acaben por destruirse unos a otros.* (Gálatas 5:15, NVI)

Es mejor cerrar la boca que morder y devorar. Es mejor soltar las piedras y caer de rodillas. Ellos no son mis siervos; son siervos de Dios, y Él sabe cómo tratar con sus siervos. En lugar de juzgar los motivos de otros, todos necesitamos respirar profundamente, orar, creer lo mejor y entregarlo al único que verdaderamente conoce sus pensamientos e intenciones. Escojamos la verdad en lugar de bandos.

Vemos una ilustración interesante de esto en el libro de Josué. Después de cuarenta años de vagar por el desierto, la nación de Israel estaba al borde de entrar en su tierra prometida. Habían cruzado el Jordán, se habían preparado y esperaban instrucciones sobre cómo proceder. Josué, su líder, estaba explorando el terreno.

> *Cuando Josué estaba ya cerca de Jericó, levantó los ojos y vio que un hombre estaba frente a él con una espada desenvainada en la mano, y Josué fue hacia él y le dijo: «**¿Es usted de los nuestros o de nuestros enemigos?**».* (Josué 5:13, NBLA, énfasis añadido)

Entiendo su pregunta. ¡Yo la he hecho cientos de veces! Los hijos de Israel venían de una temporada difícil. Habían sido engañados, atacados por enemigos, acosados por serpientes y plagas, y seducidos por un profeta corrupto durante cuatro décadas. El maná había cesado. Los hombres estaban adoloridos después de ser circuncidados, e Israel estaba ansioso por saber a qué se enfrentaban. Josué quería saber de qué lado estaba este hombre; pero escuchemos su respuesta:

> *Ninguno de los dos —contestó—. Soy el comandante del ejército del Señor.*
> *Entonces Josué cayó rostro en tierra ante él con reverencia.*
> *—Estoy a tus órdenes —dijo Josué—. ¿Qué quieres que haga tu siervo?* (v. 14)

En lugar de elegir un bando, él declaró su alianza. ¡Me encanta eso! El hombre con la espada respondió: "Ninguno de los dos", como diciendo: *Josué, ¡esa es la pregunta equivocada! En lugar de preguntarme sobre bandos, pregúntame* quién soy; *entonces entenderás* por qué estoy aquí, *y que el momento es ahora*. Cuarenta años de un camino nómada habían podado y preparado a un pueblo para poseer la tierra de sus antepasados. Josué cayó rostro en tierra y adoró. Cuando nos encontramos en tierra santa, ¡eso es lo único que podemos hacer!

> *El comandante del ejército del Señor contestó:*
> *—Quítate las sandalias, porque el lugar donde estás parado es santo.*
> *Y Josué hizo lo que se le indicó.* (v. 15)

En un mundo que promueve la división, es hora de quitarnos los zapatos. Caminamos por esta tierra en el umbral de una cosecha santa. La próxima temporada incluirá tanto trigo como cizaña. Escoge ahora y siembra con cuidado. Nuestras palabras, acciones y actos de bondad o crueldad se convierten en semillas que nos encontraremos en el futuro.

La redención es posible cuando se lidia con el conflicto de manera piadosa. En lugar de escoger bandos, invitamos a la verdad (Jesús) a ser Señor sobre situaciones y conversaciones. Al leer la Escritura, descubrimos que Jesús se negó a enredarse en argumentos religiosos infructuosos. Jesús amaba a los fariseos, pero no permitió que lo desviaran. Un modo en que logró eso fue negándose a elegir bandos. Cuando le preguntaron si era lícito pagar impuestos a César, Jesús presentó una moneda y preguntó:

> *—¿De quién es esta imagen y esta inscripción? —preguntó.*
> *—Del césar —respondieron.*
> *—Entonces —dijo Jesús—, denle al césar lo que es del césar y a Dios lo que es de Dios.* (Mateo 22:20-21, NVI)

NUESTRAS PALABRAS, ACCIONES Y ACTOS DE BONDAD O CRUELDAD SE CONVIERTEN EN SEMILLAS QUE NOS ENCONTRAREMOS EN EL FUTURO.

Cuando cuestionaron la ética de Jesús y le preguntaron por qué comía con "publicanos y pecadores", Él respondió:

> *No son los sanos los que necesitan médico, sino los enfermos. Pero vayan y aprendan qué significa esto: "Lo que pido de ustedes es misericordia y no sacrificios". Porque no he venido a llamar a justos, sino a pecadores.* (Mateo 9:12-13, NVI)

Eso significa que Jesús comería con todos nosotros porque todos hemos pecado. Su presencia no valida nuestro pecado. Él se une a nosotros en nuestra mesa para invitarnos a la mesa de su Padre.

Jesús ama la justicia, pero cuando se le pidió que resolviera una disputa, fue un poco más allá y llegó al corazón del asunto.

> *Entonces alguien de la multitud exclamó:*
> *—Maestro, por favor, dile a mi hermano que divida la herencia de nuestro padre conmigo.*
> *Jesús le respondió:*
> *—Amigo, ¿quién me puso por juez sobre ustedes para decidir cosas como esa?*
> *Y luego dijo: «¡Tengan cuidado con toda clase de avaricia! La vida no se mide por cuánto tienen».* (Lucas 12:13-15)

La avaricia puede disfrazarse fácilmente para mostrar una apariencia de justicia. En este caso, un hermano sentía que su parte de la herencia era injusta. Jesús se negó a involucrarse entre los hermanos. Habló sobre el asunto más importante, que era la protección del corazón del hombre.

También estaba el caso de alguien que no formaba parte del círculo cercano de Jesús y expulsaba demonios.

> *Juan le dijo a Jesús:*
> *—Maestro, vimos a alguien usar tu nombre para expulsar demonios, pero le dijimos que no lo hiciera, porque no pertenece a nuestro grupo.*
> *—¡No lo detengan! —dijo Jesús—. Nadie que haga un milagro en mi nombre podrá luego hablar mal de mí. Todo el que no está en contra de nosotros está a nuestro favor.*
> (Marcos 9:38-40)

Me encanta este vistazo a la humanidad de Juan. ¡Estaba frustrado porque un extraño usaba el nombre de Jesús! Intentaron detenerlo, pero no funcionó. Jesús aseguró a Juan que aunque ese hombre no era "uno de ellos", ¡era uno en propósito con ellos!

Jesús amaba a sus discípulos, pero cuando quisieron pedir que descendiera fuego sobre una ciudad que no lo recibió, fueron reprendidos.

> *Viendo esto sus discípulos Jacobo y Juan, dijeron: Señor, ¿quieres que mandemos que descienda fuego del cielo, como hizo Elías, y los consuma? Entonces volviéndose él, los reprendió, diciendo: Vosotros no sabéis de qué espíritu sois; porque el Hijo del Hombre no ha venido para perder las almas de los hombres, sino para salvarlas. Y se fueron a otra aldea.*
>
> (Lucas 9:54-56, RVR-60)

Esta interacción es una advertencia para todos. Incluso cuando hay un precedente bíblico, podemos ser influenciados por el espíritu equivocado. Una vez más, se demuestra que todos podemos estar terriblemente equivocados cuando pensamos que estamos en lo correcto. ¿Por qué alguien pensaría que pedir la destrucción de las personas a las que nuestro Señor nos envió a rescatar es una buena idea? Es como quemar una prisión sin antes salvar a los prisioneros.

Jesús amaba a los samaritanos; pero en lugar de enredarse con el concepto de dónde adorar, compartió el secreto de cómo adorar:

> *Mas la hora viene, y ahora es, cuando los verdaderos adoradores adorarán al Padre en espíritu y en verdad; porque también el Padre tales adoradores busca que le adoren. Dios es Espíritu; y los que le adoran, en espíritu y en verdad es necesario que adoren.* (Juan 4:23-24, RVR-60)

En cada situación, debemos preguntarnos: *¿Estoy tomando partido o estoy escogiendo el Espíritu y la verdad? ¿Estoy rescatando o provocando?* Sé que te estoy pidiendo mucho, pero hay mucho en juego si no hacemos bien esto. En lugar de afinar nuestros argumentos, oremos por una mayor sensibilidad al Espíritu Santo. El dragón ha decretado muerte sobre esta generación; pongámonos en el medio y declaremos verdad y vida.

Oremos y pidamos a Dios su sabiduría.

Padre celestial,
Venimos a ti pidiendo sabiduría. Tu Palabra dice en Santiago 1:5: "Si alguno de ustedes tiene falta de sabiduría, pídala a Dios, quien da generosamente a todos sin reproche, y le será dada". Necesitamos tu sabiduría. Gracias por un derramamiento abundante de tu santa revelación. Necesitamos la ayuda y el consejo de tu Espíritu Santo. Gracias por la promesa del Espíritu de verdad. Revela cualquier área en nuestras vidas donde hayamos escogido bandos en lugar de amor y verdad.

¿Qué es una cosa que puedes hacer para luchar por la verdad?

¿Qué es algo que puedes dejar de hacer?

¿Cuál es una oración que puedes hacer?

Capítulo 9

La lucha por encontrar tu voz

La idea que tienen algunas personas de la libertad de expresión es que son libres para decir lo que quieran, pero si alguien les responde con algo, eso es una atrocidad.
—Winston Churchill

Recientemente volví a publicar un cortometraje que capturaba la angustia de las atletas femeninas que han entrenado y competido con mujeres, pero que ahora se ven obligadas a competir contra varones biológicos. Era la hermosa historia de cómo un padre fomentó el sueño de su hija de ser la mujer más rápida del mundo. Mientras veía a su hija entrenar incansablemente, este padre declaraba: "¡No hay mujer viva que pueda vencerte!".

Después de años de entrenamiento y sueños, ella descubrió que sus esfuerzos eran en vano. Las reglas habían cambiado, y ahora estaba compitiendo contra un varón biológico que se identificaba como mujer.[1]

El cortometraje estaba seguido por varios relatos de mujeres que habían sido desplazadas por varones biológicos en competiciones deportivas.

El video no contenía juicios. No mencionaba el pecado. No incitaba al odio ni a la violencia. No hacía un llamado a la acción. No era un video cristiano. Fue creado por una compañía de relojes para destacar la desigualdad actual en las competencias. Era provocador, profesional y reflexivo. Lo volví a publicar con este mensaje:

"Usa tu voz y mantén vivos los sueños de tu hija".

Esperaba que las madres abogaran por sus hijas y se involucraran en los programas deportivos locales. Esperaba que entendieran lo que estaba en juego. Muchas madres y exatletas lo entendieron, pero las reacciones de varias mujeres biológicas me sorprendieron. Pensaron que había cruzado la línea. Su enojo hacia mí superaba con creces cualquier empatía que pudieran tener por estas injusticias.

Las más amables me dijeron que solo debía usar mi plataforma para predicar el evangelio, mientras que las más enojadas me acusaron de ser transfóbica, manipuladora y tener miedo a la ciencia. Me amenazaron con el juicio de Dios. Me atacaron desde cuentas privadas y me criticaron por bloquearlas, lo cual es irónico, porque obviamente no estaban bloqueadas o no habrían podido leer mi publicación ni dejar comentarios. La mayor parte de su furia no era por la imposibilidad de una competencia justa entre mujeres y varones biológicos. En cambio, se centraron en opiniones acaloradas acerca de mi opinión. Y como no veíamos las cosas de la misma manera, desataron una diatriba con el fin de avergonzarme y dejarme en silencio.

Probablemente ya te has dado cuenta de que eres libre para repetir lo que todos dicen, pero no para protestar. Cuando *todo* es *correcto, nada* puede llamarse *incorrecto*. Solo aquellos que creen que hay bien y mal pueden ser etiquetados como equivocados. Siempre estarán equivocados cuando lo equivocado es considerado correcto.

Si dices algo tan lógico como: "Los varones no deberían competir en deportes femeninos", escucharás comentarios como estos: "Dios ama a todos"; lo cual, por supuesto, es cierto. Pero eso está completamente fuera del tema. ¿Qué tiene que ver el amor de Dios con que atletas varones lesionen o desplacen a mujeres en los deportes femeninos? Absolutamente nada.

Lo que destacaba el cortometraje, y yo afirmé, es que las mujeres trans tienen todas las ventajas físicas de los varones. Los hombres biológicos tienen un promedio de un 36 % más de masa muscular que las mujeres; por el contrario, las mujeres tienen normalmente dos veces, y a veces hasta tres veces, el porcentaje de grasa de los varones. Los hombres desarrollan huesos más largos y tienen un máximo de masa ósea más elevado que las mujeres. Los hombres tienen un promedio de quince centímetros más de altura que las mujeres, pero muchos hombres superan los treinta centímetros de diferencia en altura. En cuanto a la fuerza, los hombres son más grandes y fuertes que las mujeres. En promedio, los hombres tienen unos doce kilos más de músculo esquelético, un 40 % más de fuerza en la parte superior del cuerpo, y un 33 % más de fuerza en la parte inferior del cuerpo que las mujeres del mismo nivel de condición física.[2]

Hemos visto esta dinámica de superioridad física manifestarse cuando se permite a las mujeres trans competir en competencias atléticas que anteriormente eran exclusivamente femeninas. Recientemente, un estudiante de primer año, clasificado en el puesto 172 en una competencia de campo traviesa, se identificó como trans y ahora es la "muchacha más rápida de segundo año" en los mismos regionales, superando a la muchacha biológicamente mujer más cercana por noventa y ocho segundos.[3]

Las "mujeres trans" parecen superdotadas en comparación con las mujeres biológicas; sin embargo, en muchos casos se trata de hombres intactos que han aprovechado la lucha de quienes realmente padecen disforia de género para su propio beneficio.

Recientemente el entrenador de un equipo de baloncesto femenino de secundaria decidió no jugar un partido cuando tres de sus jugadoras resultaron lesionadas por una mujer trans de 1.82 metros de altura que jugaba en el equipo contrario. En un video del partido, vi cómo esas muchachas eran empujadas de un lado a otro como si fueran muñecas de trapo. Una de las tres muchachas se retorcía de dolor.[4] ¿Cómo ha sucedido esto? ¿Por qué los padres permiten que se haga esta injusticia a sus hijas? Sugeriría que esto comienza con el papel que las redes sociales desempeñan ahora en nuestras vidas.

CIRCOS, ESPECTADORES Y LOS PODERES ESTABLECIDOS

En diciembre de 2019 paseaba yo por el Coliseo Romano con mi hijo mayor, Addison, y su encantadora esposa, Julianna. El viento era frío, y corríamos de un tramo de sol a otro para escapar del frío de la mañana mientras nuestro guía turístico explicaba la historia del Coliseo. Ya había escuchado este relato antes, así que dejé que mi mente divagara. En muchos sentidos, es inconcebible que una cultura lo suficientemente avanzada como para construir el Anfiteatro Flavio se degradara tanto en el modo en que decidió utilizarlo.

En su momento, esta obra maestra arquitectónica tenía una capacidad estimada de cincuenta mil personas. La entrada era gratuita, y los eventos atraían a personas de todas las clases sociales de la República Romana. Las entradas designadas guiaban a los ciudadanos a los asientos de su clase social. Las masas se reunían para ver cómo los gladiadores herían, mutilaban y mataban animales o el uno al otro. Estos espectáculos de crueldad continuaron durante siglos hasta que el emperador Honorio I puso fin a los juegos en el año 404 d. C.

No lejos del Coliseo se encuentran las ruinas del Circo Máximo. Es anterior al Coliseo y fue el lugar público más grande de Roma, con capacidad para ciento cincuenta mil espectadores. El Circo albergaba carreras de cuadrigas, juegos romanos y combates de gladiadores. Fue en el Circo Máximo donde Pablo fue decapitado y Pedro crucificado boca abajo. Fue allí donde Nerón martirizó a los cristianos para desviar la culpa personal por los incendios de Roma. Tácito escribió en sus *Anales*:

> Por lo tanto, para detener el rumor [de que él había incendiado Roma], [el emperador Nerón] culpó falsamente y castigó con los tormentos más horribles a las personas comúnmente llamadas cristianas... Una vasta multitud fue condenada, no tanto por el cargo de incendiar la ciudad sino por "odiar a la raza humana".[5]

Nerón tenía una crisis; el fuego había arrasado diez de los catorce distritos de Roma, y necesitaba un chivo expiatorio. Los cristianos romanos eran un blanco fácil porque no participaban en la depravación de la cultura romana. Nerón los acusó y arrestó. Después de ser torturados, sus cuerpos fueron incendiados como luces para el Circo. Lo que comenzó con una crisis (el incendio), se transformó en un odio y persecución generalizada de las creencias. A lo largo del Imperio romano, los cristianos y judíos que se atrevían a vivir separados de la *cultura* romana eran acusados de odio. El poeta romano Juvenal sugirió que si al pueblo se le da "pan y circo", estará satisfecho.[6] Antes de imaginar que este tipo de corrupción, perversión y derramamiento de sangre nunca podría producirse en una nación democrática, recordemos que Roma era una república. Demos un paso atrás y observemos los paralelismos.

Además de que a los cristianos actualmente se les califica de intolerantes, un espíritu antisemita ha vuelto a elevar su fea cabeza. Nuestras calles y campus universitarios resuenan con amenazas de violencia. Durante casi dos décadas, las redes sociales han dado voz a las masas. Con casi cinco mil millones de usuarios, el espacio de las redes sociales ha superado la capacidad combinada del Circo Máximo y el Coliseo veinticinco mil veces. El mundo en el internet se ha convertido en un escenario para todo tipo de espectáculos. Es el foro público donde se celebran juicios y se hacen víctimas y vencedores.

Las redes sociales no son un lugar al que vamos; son un mundo que llevamos con nosotros; sin embargo, ¿nos ha hecho esto más amables, valientes o compasivos? Desgraciadamente, no. Los datos muestran que somos menos seguros y estamos menos conectados que nunca. Las vastas redes desafían las conexiones íntimas. Es más fácil discutir con desconocidos que mantener conversaciones difíciles en casa. Estamos abrumados por las redes sociales y decepcionados por nuestras vidas.

En años recientes hemos visto de cerca lo que debería haberse visto solo a la distancia. Nos sentimos responsables y rendimos cuentas por cosas que están fuera de nuestro control o autoridad para cambiarlas. Todos los días se nos presentan más problemas que respuestas. La inundación constante es agotadora, y las personas caen en una espiral de depresión y de ira.

El circo no ha llegado a la ciudad; el circo *es* nuestra ciudad.

Hemos observado pasivamente cómo una variedad de payasos, acróbatas, equilibristas, malabaristas, magos y mujeres barbudas invadían nuestros hogares. El circo ha interrumpido nuestros lugares de trabajo, ha socavado nuestras escuelas, y se ha burlado de nuestros lugares de adoración.

NO DEJES QUE LA INTIMIDACIÓN REDUZCA TU VIDA NI LIMITE TU VOZ.

Nerón canceló a los cristianos, y los nazis cancelaron a los judíos. Cuando un grupo de personas es separado de su comunidad, su destrucción se vuelve fácil. Los ciudadanos romanos y alemanes observaron cómo sus vecinos eran despojados de su dignidad y sus medios de vida. Ellos presenciaron actos de inhumanidad de cerca; nosotros los observamos a través de una pantalla, y corremos un riesgo aún mayor de convertirnos en espectadores.

Imagina cómo se sintieron las víctimas en el Circo Máximo, rodeadas por una arena llena de personas que podrían haber detenido las acciones de Nerón solamente por su cantidad. ¿Qué habría pasado si todos hubieran rehusado presentarse en el Coliseo o el Circo? Tal vez no habrían tardado cuatrocientos años en cerrar los juegos; sin embargo, eso no sucedió. Incluso si a los romanos no les gustaba lo que presenciaban, comían su pan y observaban, agradecidos de que no les estuviera sucediendo a ellos. La crueldad e injusticia que toleramos para otros finalmente nos alcanzará a todos. El superviviente del Holocausto y premio Nobel Elie Wiesel escribió:

> Lo que más duele a la víctima no es la crueldad del opresor, sino el silencio del espectador.[7]

¿Cuántas veces debemos escuchar esto antes de creerlo? He visto cómo personas que respeto se acobardan ante la voz acusadora de unos pocos porque la mayoría se negó a defenderlos. No estemos de acuerdo solo en teoría, sin apoyarnos realmente en la práctica. Estar de acuerdo solo en teoría es inútil. Lo entiendo: el silencio es más fácil. La intimidación es una herramienta increíblemente eficaz, y por eso se utiliza tanto. No dejes que la intimidación reduzca tu vida ni limite tu voz.

UNA ESPADA DE DOBLE FILO

Mujeres de todas las edades están siendo amenazadas por una espada de doble filo. Un filo es la sexualización sistemática de las mujeres; el otro es el silenciamiento de las mujeres. Mientras la cultura sexualiza a las mujeres, hay quienes en la Iglesia trabajan arduamente para silenciarlas. La Iglesia debería estar ayudando a sus hijas a encontrar y refinar su voz femenina. Dios nunca nos habría dado una voz si tuviera la intención de que permaneciéramos en silencio. Entiendo que algunas mujeres han utilizado mal su voz, pero también hay hombres que han hecho lo mismo. Ayuda a las mujeres a encontrar su voz y a usarla de la manera correcta y por las razones correctas. Nadie tiene derecho a robar la voz de nuestras hijas. Esto no es una invitación a usar nuestras voces contra otros; es un llamado a recuperar nuestras voces en nombre de las mujeres. No se trata de culpar, sino de recuperar nuestro lugar.

Por lo tanto, ¿a dónde vamos desde aquí?

Nuestros hijos e hijas necesitan que aboguemos por ellos. Nuestra nación necesita que oremos. Nuestras familias necesitan sanar. Nuestros esposos necesitan nuestro respeto. Las personas necesitan nuestro amor.

Necesitamos recordar lo que significa ser mujer. No podemos seguir siendo simples espectadoras. Como comentó un filósofo:

> Ningún copo de nieve en una avalancha se siente responsable.[8]

Si el proverbio "Las personas siguen la valentía" es cierto, demos a otros ejemplos a seguir y no vivamos atrapadas por las opiniones de personas desconocidas. Creo que comenzamos a recuperar nuestra voz teniendo conversaciones con personas reales y vivas. Demasiadas mujeres han perdido su voz. Sé que algunas conversaciones son difíciles si no sabes quién está en la sala. Las redes sociales raras veces son un espacio seguro; sin embargo, ¿y en tu hogar, en tu iglesia o en un grupo de estudio bíblico? Hacia este fin, he realizado clases intensivas en línea y en persona para que la gente pudiera hacer preguntas y conversar en salas sin temor. Hay mucha información en conflicto, y confusión en torno al tema de lo que significa ser una mujer. En ocasiones encuentras tu voz diciendo simplemente no.

SIMPLEMENTE DI NO

Un simple no, sin explicación o justificación.

No a personas y prácticas poco saludables, permite decir sí a las saludables.

No a elecciones poco sabias abre camino a decisiones más sabias.

No a la ignorancia es un sí al conocimiento.

Nadie tiene derecho a quitarte tu no. Nuestro Dios todopoderoso nos empodera para tomar decisiones.

Si no eres libre de decir no, nunca fuiste libre de decir sí. Por el contrario, si solo eres libre de decir sí, entonces nunca tuviste opción. La dinámica actual de la libertad de expresión parece más un permiso para hacer eco.

Estar en desacuerdo no significa que seas odioso, al igual que estar de acuerdo no significa que seas amoroso. Tienes todo el derecho de decir no a lo irracional y lo abusivo.

NO A LO IRRACIONAL

En 2021 viajé sola en un vuelo corto de Southwest que iba casi vacío. Elegí un asiento junto a la ventana cerca del frente y me acomodé. No pasó mucho tiempo antes de que una mujer eligiera el asiento del pasillo. Había un asiento vacío entre nosotras, y le ofrecí utilizar el espacio de almacenamiento debajo de ese asiento para su bolso. Ella me dio las gracias.

"De nada", respondí.

Ella reconoció mi voz, y esa era la única manera en que podía haber adivinado quién era yo, ya que ambas llevábamos mascarillas.

"¿Eres Lisa?".

"Sí, lo soy".

Ella se presentó y me dijo que me había escuchado predicar un par de veces. Comenzamos una conversación. Ella era italiana, y regresaba a casa tras una visita problemática con su padre en Chicago. Estaba agotada y preocupada por sus padres.

Después de un rato, nuestra conversación tomó un tono más ligero y nos reímos de las locuras y disfunciones típicas de una crianza italiana. No hablábamos muy alto, pero estábamos felices. Fue entonces cuando la mujer en la fila detrás de nosotras sacudió nuestros asientos y nos dijo que nos calláramos. Mi compañera de asiento se congeló a mitad de una frase y agachó la cabeza. Yo estaba sorprendida, pero no me agaché. Me volteé, miré por encima del asiento a la mujer, y respondí: "No".

Esa era una de las primeras veces desde la pandemia que experimentaba alguna medida de alegría, conversación o conexión en un vuelo; y sin duda no iba a permitir que una mujer enojada nos lo arrebatara. Mi hermana italiana estaba atónita.

Le dije: "Puedes usar auriculares o cambiarte a otro asiento. Este vuelo está casi vacío y hay muchos asientos disponibles".

Bueno, ella no lo aceptó. Había olvidado sus auriculares y viajaba con amigas, así que no iba a moverse. Bajamos el volumen de nuestra conversación y continuamos.

Ella volvió a sacudir nuestros asientos y gritó: "¡Cállense!".

Su agresión era palpable. Noté que era una mujer corpulenta, apretada en el asiento del medio entre dos mujeres completamente despreocupadas que veían películas.

"No", repetí con calma mientras me volteaba.

Ella armó un escándalo. Gritó que yo era egoísta, indiferente y grosera. En ese punto, la asistente de vuelo se acercó.

"¿Hay algún problema?", preguntó.

"Ella quiere que dejemos de conversar", expliqué.

"Bueno, no tienen que hacerlo", nos aseguró la asistente.

La mujer enojada se quedó en silencio. Cuando desembarcamos, mi nueva amiga se mantuvo a mi lado, temerosa de que la mujer intentara agredirme.

Para que conste, vuelo todo el tiempo. No era un vuelo nocturno con personas durmiendo, y duró apenas una hora. Su petición era irrazonable. No era nuestra culpa que hubiera olvidado sus auriculares y rechazara la opción de cambiarse a otro asiento. Tienes todo el derecho de decir no a lo irrazonable.

NO A LO ABUSIVO

Cuando las mujeres guardan silencio sobre las cosas pequeñas, es casi imposible que se expresen en los asuntos más importantes. A lo largo de los años, he escuchado demasiadas historias de niñas que fueron abusadas tanto sexual como emocionalmente por padres, hermanos o amigos de la familia. En casi todos los casos, sus mamás no les creyeron o sabían lo que estaba sucediendo, pero no las protegieron. Algunas de esas madres estaban ellas mismas tan quebradas que no sabían qué hacer. Otras temían que actuar les costara demasiado. Si las madres habían sido víctimas de abuso, a menudo se sentían impotentes. Habían fallado en protegerse a sí mismas y no protegieron a sus hijas.

Luego está la versión más retorcida que rota: mamás que prefieren proteger su imagen antes que a sus hijas. Son aquellas que ocultan o minimizan el abuso. En un documental reciente, los padres de dos hijas que habían sido abusadas sexualmente por su hermano lo justificaron como curiosidad que ocurrió mientras las niñas dormían. Este tipo de cobardía debe terminar. Entiendo que enfrentar a cualquier abusador da miedo. No puedo imaginar el dolor de enfrentar el abuso sexual de un niño en una familia; sin embargo, otra generación de niños no debería quedar esclavizada por las cadenas de nuestro pasado. Esta lucha por lo femenino significa que ya no ponemos excusas para ningún tipo de abuso. Las madres deben proteger a sus hijas, incluso si eso significa exponer a su esposo, a su hijo, o a cualquier otro miembro de la familia o amigo.

CÓMO DISCREPAR CON AMOR

No hace mucho tiempo, mi peluquero favorito desapareció. Había acudido a él durante años y valoraba nuestra amistad. Él había compartido conmigo parte de su vida personal y sus desafíos. Yo sabía que tenía un novio y que ambos habían crecido en la iglesia.

Cuando no pude localizarlo en el salón, le envié un mensaje de texto para ver si estaba bien; gracias a Dios, lo estaba. Le pregunté dónde estaba y por qué no me había avisado. Me explicó que estaba en proceso de transición para convertirse en mujer y sabía que yo no estaría de acuerdo con su decisión. Le dejé claro que el hecho de que haya estado casada durante cuatro décadas demostraba que podía amar a alguien con quien no siempre estaba de acuerdo. No creo que estar en desacuerdo en un área deba significar romper una relación en todas las áreas. Concerté una cita con él. Cuando nos vimos cara a cara, compartí mi preocupación de que estuviera tomando una decisión irreversible que podría no resolver sus anhelos de amor y que podría lamentar más adelante. Él me escuchó y yo lo escuché a él. Nada más sino amistad pasó entre nosotros, y seguí acudiendo a él hasta que me mudé.

Como autora y ministra, soy amiga de personas que no están de acuerdo conmigo. El desacuerdo no debería significar alienación y odio. Las amistades y los matrimonios se construyen sobre el respeto mutuo, no sobre el acuerdo total. He tenido innumerables conversaciones en vuelos con completos desconocidos sobre temas que van desde la religión hasta la política. Pocas veces estamos de acuerdo en todo, pero al final del vuelo nos damos la mano y, muy a menudo, intercambiamos información de contacto. Si eso puede suceder entre desconocidos, debería poder suceder entre familiares y amigos. Cuando las personas son escuchadas y respetadas, las conversaciones se convierten en regalos que nos ayudan a pensar, crecer y aprender, incluso si seguimos en desacuerdo. Parte de encontrar nuestra voz es ofrecer amistad a los demás.

A lo largo de nuestro matrimonio, John y yo hemos estado en desacuerdo sobre varias cosas. En algunas de esas cosas ahora estamos de acuerdo, pero hay otros temas en los que quizás nunca coincidiremos; sin embargo, eso no cambia nuestro compromiso mutuo. Ninguno de los dos está dispuesto a perder nuestra relación por ganar un argumento. No te creas la mentira de que el desacuerdo equivale al odio.

No permitas que los desacuerdos te conviertan en un enemigo. Sigue insistiendo con amabilidad. Sin embargo, si no puedes estar en desacuerdo de una manera amorosa y respetuosa, pulsa el botón de pausa. Queremos que las personas nos escuchen, no que sean lastimadas por nosotros. Necesitamos un espíritu de amor y verdad. Las personas tienen preguntas que requieren respuestas sinceras, pero llenas de amor. Jesús nos da un ejemplo de esto en Marcos 10:21:

> *Jesús miró al hombre y sintió profundo amor por él.*
> *—Hay una cosa que todavía no has hecho —le dijo—. Anda y vende todas tus posesiones y entrega el dinero a los pobres, y tendrás tesoro en el cielo. Después ven y sígueme.*

NO TE CREAS LA MENTIRA DE QUE EL DESACUERDO EQUIVALE AL ODIO.

Jesús miró, escuchó y amó a este hombre antes de hablarle. Sacó a la luz la única cosa que lo tenía atrapado, al mismo tiempo que lo invitaba a la libertad de la generosidad. Jesús sabía cuál era el obstáculo que impedía que caminaran juntos hacia adelante. El hombre se fue triste, pero los estudiosos de la Biblia creen que regresó más adelante como discípulo. Las verdades difíciles y sus giros respectivos son siempre más fáciles cuando la dinámica del amor está presente. A menudo, la "única cosa" no es la que parece obvia. Mi única cosa cambió cuando experimenté la misericordia y el amor de Dios, sabiendo que merecía su juicio. Creo que, en última instancia, las personas quieren pertenecer. Buscamos alinearnos con lo menor cuando tememos que nuestro anhelo por lo superior sea imposible. Nos conformamos con alinearnos con la cultura, pero estamos desesperados por una alineación con el cielo. Fuimos creados para una identidad alineada con Dios. De nuevo, vemos el espíritu y la verdad en acción en Juan 3:16-17:

> *Pues Dios amó tanto al mundo que dio a su único Hijo, para que todo el que crea en él no se pierda, sino que tenga vida eterna. Dios no envió a su Hijo al mundo para condenar al mundo, sino para salvarlo por medio de él.*

Dios dio a su Hijo para que pudiéramos identificarnos con su Hijo. Él dio cuando lo único que sabíamos hacer era tomar. Él dirigió su rostro hacia nosotros mucho antes de que nos volviéramos a Él. Nuestro Padre dio a su único Hijo cuando todavía éramos enemigos. Fue la bondad de Dios lo que llevó a la mayoría de nosotros al arrepentimiento.

Ahora resulta valiente decir que las mujeres son biológicamente femeninas. No debería ser así, pero de repente lo es. Te acusarán de manipulación, de juzgar, avergonzar, de tener fobias infundadas, de privilegios y odio. Es tu responsabilidad asegurarte de que ninguna de esas acusaciones sea cierta. Si no tenemos cuidado, podemos tener la razón, pero con el espíritu equivocado. El odio es más fácil que el amor. El orgullo es más fácil que la humildad. La amabilidad requerirá esfuerzo; la crueldad nos surge más rápido. Guardar tu corazón es más importante que involucrarte en una discusión. Cuando te acusen de cosas que no hiciste, no los acuses de cosas que ellos han hecho. Los discípulos de Cristo no devuelven golpes. Santiago 1:19 nos dice:

> *Mis amados hermanos, quiero que entiendan lo siguiente: todos ustedes deben ser rápidos para escuchar, lentos para hablar [o publicar] y lentos para enojarse.*

Una respuesta rápida podría ser tu peor curso de acción. Aprendí esta lección de la manera difícil. Aquí hay otras opciones en su lugar:

SAL DE LA HABITACIÓN

Desconecta. Respira hondo, deja el teléfono, cierra la computadora y simplemente aléjate. La locura en línea es más fácil de ignorar. Nadie te obliga a hacer el comentario, así que no lo hagas. Si es un conflicto en persona, toma un vaso de agua, ve al baño o anuncia con calma que te vas a retirar. Salir de la habitación cambia la dinámica. No salgas furiosa, ¡y no grites desde la cocina! Tu hogar es tu mundo real; el teléfono es el mundo de fantasía. Las palabras son combustible para incendios reales y también en el internet. Apaga la chispa.

> *Sin leña se apaga el fuego;*
> *sin chismes se acaba el pleito.* (Proverbios 26:20, NVI)

Lejos del caos, tus posibilidades de escuchar al Espíritu Santo serán mejores. Está bien excusarte de cualquier conversación para reunirte con el Consejero. Tienes permiso para desconectarte de las redes sociales por unos días. No permitas que troles y desconocidos te roben la paz. Si por alguna razón salir de las redes sociales no es una opción, recuerda que es tu página y todos los demás son invitados. Tienes todo el derecho a restringir o bloquear a invitados combativos o llenos de odio. Puedes eliminar y deshabilitar comentarios.

Y, por el bien de tu alma, mantente alejado de hilos combativos. Esto te ayudará a evitar perder tiempo discutiendo y te liberará para mantener conversaciones reales.

Las redes sociales están llenas de troles que aman crear caos. Algunos quieren estafarte por dinero. Otros quieren robarte tu energía emocional. No te involucres con ellos. Los dragones y los trolls disfrutan al desviarte con mentiras escandalosas atadas a pequeñas dosis de verdad.

Su objetivo final es herir tu espíritu. Tu corazón es más importante que tu reputación. No comprometas tu corazón. El Espíritu Santo te capacitará para mostrar amor frente al odio y ser valiente frente a las amenazas. Incluso David se alejó cuando Saúl comenzó a arrojar lanzas. Aquí hay un versículo para tener en mente mientras recuperas tu voz:

> *Sean gratas las palabras de mi boca y la meditación de mi corazón delante de Ti, oh Señor, roca mía y Redentor mío.*
>
> (Salmos 19:14, NBLA)

DEFIENDE Y APOYA A OTROS

Una noche tuve a dos de mis nietas en casa para cenar. Me encanta poder hacer eso. Más temprano esa semana, mi hijo compartió que un niño le hizo un comentario cruel a una de ellas. Durante la cena, hablamos de ello. Le conté que tuve una experiencia similar a su edad, pero había una gran diferencia entre su historia y la mía. Yo estaba devastada, pero a ella apenas le afectó. Antes de que pudiera responderle al niño, otra niña de su clase le dijo al acosador que estaba equivocado. Que podamos emular el valor de esa niña. Llamar acosador a alguien que lo es, no detiene sus acciones, pero decir la verdad sí lo hará.

Tu voz es tu primera línea de defensa, por eso el enemigo quiere silenciarla. Cuando una mujer es atacada, lo último que su atacante quiere es que grite. No te estoy pidiendo que grites, pero es momento de escapar de cualquier prisión de silencio. Tal vez nunca perdiste tu voz, pero por frustración la has estado usando mal. Personalmente, he sido culpable de ambas cosas. Ya no podemos permitirnos ser descuidadas, silenciosas, o estar mal encaminadas. La lucha por lo femenino es un compromiso de usar nuestra voz y nuestras decisiones de manera constructiva en favor de hombres y de mujeres. No tienes que asistir al circo social. Hablemos para ser escuchadas. Creo que esto comienza con cómo nos hablamos unas a otras. Podemos estar en desacuerdo sin gritar.

Hasta ahora hemos abordado la interacción con las personas. Ahora permíteme compartir contigo el secreto de dónde tu voz es más productiva. Es más poderosa cuando se eleva en oración:

> *Quiero, pues, que en todas partes los hombres [y mujeres] oren, levantando las manos al cielo con santidad, sin enojos ni contiendas.* (1 Timoteo 2:8, NVI)

Sé que este versículo especifica a los *hombres,* pero estoy segura de que Pablo también quería que las mujeres oraran. Levantar las manos a Dios es una postura de rendición. También simboliza transferir todo a Dios. He orado con enojo antes; normalmente implica mi voluntad o frustración. Dios puede ordenar nuestro desorden, pero el enojo nunca saca lo mejor de nadie. Otra palabra para *controversia* es *discusión.* Dios quiere que resolvamos las disputas entre nosotros para que Él pueda obrar a través de nosotros. En lugar de denunciarnos mutuamente, creamos lo mejor y anunciemos la fidelidad de Dios.

> *Exhorto ante todo, a que se hagan rogativas, oraciones, peticiones y acciones de gracias por todos los hombres; por los reyes y por todos los que están en eminencia, para que vivamos quieta y reposadamente en toda piedad y honestidad.*
>
> (1 Timoteo 2:1-2, RVR-60)

No elegimos por quién orar. No solo oramos por algunas personas o por nuestra gente; tenemos el privilegio de orar por todos. Cuando la feminidad está en juego, nuestros hijos y nuestra nación necesitan sanidad. La confesión y la sanidad comienzan con nosotras. Santiago 5:16 dice:

> *Confesaos vuestras ofensas unos a otros, y orad unos por otros, para que seáis sanados. La oración eficaz del justo puede mucho.* (RVR-60)

La versión *Nueva Traducción Viviente* dice: *La oración ferviente de una persona justa tiene mucho poder y da resultados maravillosos.* La oración ferviente es una oración bíblica. No hay nada más poderoso que orar y cantar las palabras de Dios. No deberíamos permitir que la cultura moldee nuestras oraciones cuando Dios nos ha dado oraciones del reino. Una de las oraciones que Jesús modela para nosotros está en Lucas 11:2-4:

> *Jesús dijo:*
> *—Deberían orar de la siguiente manera: »Padre, que siempre sea santificado tu nombre. Que tu reino venga pronto. Danos cada día el alimento que necesitamos y perdónanos nuestros pecados, así como nosotros perdonamos a los que pecan contra nosotros. Y no permitas que cedamos ante la tentación.*

La *Reina-Valera 1960* lo expresa así:

> *Y les dijo: Cuando oréis, decid: Padre nuestro que estás en los cielos, santificado sea tu nombre. Venga tu reino. Hágase tu voluntad, como en el cielo, así también en la tierra. El pan nuestro de cada día, dánoslo hoy. Y perdónanos nuestros pecados, porque también nosotros perdonamos a todos los que nos deben. Y no nos metas en tentación, mas líbranos del mal.*

Y en Mateo 9:37-38 se nos dice:

> *Entonces dijo a sus discípulos: A la verdad la mies es mucha, mas los obreros pocos. Rogad, pues, al Señor de la mies, que envíe obreros a su mies.* (RVR-60)

El enemigo siempre ataca justo antes de la cosecha porque quiere robar la cosecha de almas de Dios. La oración es un privilegio, y necesitamos las oraciones que tú expresarás.

¿Cuál es un área en la que has perdido tu voz?

¿Cuál es la única cosa que puedes hacer para recuperarla?

¿Cuál es una oración que puedes hacer?

Capítulo 10

La lucha por el sentido común y un lenguaje común

Una sociedad está en declive, definitiva o transitoriamente, cuando el sentido común realmente se vuelve poco común.
—G.K. Chesterton

Recientemente cuidé a cuatro de mis nietos durante ocho días mientras sus padres visitaban el Reino Unido. Llovió todos los días, lo que generó muchas oportunidades para conversar con los dos niños y las dos niñas, cuyas edades iban de cinco a doce años. En cierto momento, mi nieta de siete años dijo que una exvecina llamada Sara se había cortado el cabello, cambió de escuela, y ahora sería un niño llamado Sam.

Planteé una pregunta: "¿Qué pasaría si yo me pusiera un disfraz de jirafa y dijera que soy una jirafa? ¿Eso me convertiría en una?".

Ella hizo una mueca y respondió: "Eres demasiado bajita para ser una jirafa". No se equivocaba.

Cambié de enfoque. "¿Y si me identificara como una jirafa pequeña?".

"¡Eso es una tontería!", afirmó ella.

"Entonces, ¿cortarse el cabello la convierte en un niño?", pregunté.

Ella hizo una pausa, pensó un momento y respondió: "No".

"¿Por qué no?", inquirí.

"Ya sabes por qué", susurró.

"No, dime por qué", insistí.

Ella señaló su zona inferior y afirmó: "¡Por su trasero!".

Dejé la conversación ahí. No hablamos sobre ADN ni los matices del género frente al sexo biológico. Trabajé con los detalles que ella proporcionó porque era con lo que se sentía cómoda. No era necesario que yo sexualizara ni cargara emocionalmente la conversación. Supuse que ya había hablado con sus padres y sabía la respuesta antes de plantearme la conversación. Me estaba poniendo a prueba. Pero nunca en mis sueños más descabellados imaginé tener esa conversación con una niña de siete años.

Comencemos con una definición:

sentido común, sustantivo: juicio sólido y prudente basado en una percepción simple de la situación o los hechos.[1]

Me resulta interesante que los sinónimos de *sentido común* incluyan *discreción, sabiduría, prudencia, sensatez* y *juicio*. Otra manera de ver esta palabra es como un sentido que es común o generalmente aceptado.

Voltaire lamentó: "El sentido común es muy poco común".[2]

Y qué lástima. La insensatez es cada vez más aceptada como la norma; sin embargo, cuando las palabras cambian constantemente, el piso bajo nuestros pies no deja de moverse. Nos hemos alejado mucho del camino trillado y hemos perdido algo de nuestro sentido de dirección, lo cual es un poco precario, porque en la vida y en las carreteras, las barreras de seguridad resultan útiles. Por mucho tiempo, las opciones binarias nos han ayudado a medir los límites de la vida. La abogada educada en Harvard, Phyllis Schlafly, señaló esto en agosto de 2016:

> Cualquiera que tenga un hijo sabe que los niños aprenden sobre el mundo a través de opciones binarias: arriba o abajo, caliente o frío, grande o pequeño, dentro o fuera, mojado o seco, bueno o malo, niño o niña, hombre o mujer. Sin embargo, las feministas radicales, que dirigen los departamentos de estudios de la mujer en la mayoría de las universidades han propagado la idea de que debemos deshacernos del 'binario de género', junto con la expectativa de roles distintos para hombres y mujeres.[3]

Y aunque tal vez no estés de acuerdo con todas sus opiniones políticas, sus palabras de advertencia han demostrado ser ciertas. ¿Podemos estar de acuerdo en que conceptos como arriba o abajo, izquierda o derecha, y caliente o frío son útiles, no dañinos? ¿Por qué querrían las feministas radicales reemplazar el sentido común del binario de género por un sistema no binario en constante expansión? Cuando socavamos creencias comúnmente sostenidas, estamos posicionados para deconstruir los cimientos de una cultura.

Crecemos más aprendiendo *a* pensar que cuando nos enseñan *qué* pensar. La información es inútil si carecemos de contexto, perspicacia y sentido común. Una de las cosas más crueles que podemos hacer es causar que nuestros hijos duden de sí mismos, incluso cuando nos despojamos del sentido común. Escuchamos mucho sobre límites saludables, pero ¿estamos permitiendo que una cultura confusa desborde las barreras de seguridad del sentido común y afecte a nuestros hijos?

Si no defendemos a nuestros hijos, tendrán que defenderse por sí mismos. El poema "No soy un vestido" fue escrito e interpretado por una niña irlandesa de catorce años para combatir las tonterías que encontró. Se volvió viral en el internet, y aquí comparto algunos versos:

Somos mujeres, somos guerreras de acero
Mujer es algo que ningún hombre jamás sentirá
Ser Mujer no es una habilidad que un hombre pueda perfeccionar
Mujer es nuestra palabra, y nos pertenece solo a nosotras.

No soy un vestido que se lleva por capricho
Un hombre con vestido sigue siendo un él
Las mujeres no son simplemente lo que vestimos
Si esto te ofende, no me importa.

Todo su poema merece ser leído. Lo que compartió es el grito bellamente elaborado de nuestras hijas. Entiendo que se publicó bajo un seudónimo para protegerlos a ella y a su familia de represalias. ¿Dónde está su derecho a la libertad de expresión?

Si incluso la querida autora y multimillonaria J. K. Rowling fue atacada por decir: "Si [el sexo biológico] no es real, la realidad vivida de las mujeres en todo el mundo es borrada",[5] ¿a qué tipo de reacción se enfrentaría una joven irlandesa? Es un día triste cuando el sentido común de un niño es más preciso que la perspectiva de un adulto educado. ¿Cómo ha sucedido esto? Cuando nos alejamos de Dios, perdemos el contacto con nosotros mismos. Con nuestro yo real, hermoso y femenino. Somos mucho más de lo que hemos fingido ser. La hambruna actual de sentido común y el ascenso meteórico de la insensatez están complejamente conectados con nuestro declive espiritual.

Es cierto, ellos conocieron a Dios pero no quisieron adorarlo como Dios ni darle gracias. En cambio, comenzaron a inventar ideas necias sobre Dios. Como resultado, la mente se les quedó en oscuridad y confusión. Afirmaban ser sabios pero se convirtieron en completos necios. (Romanos 1:21-22)

Somos una nación con ideas confusas acerca de Dios, lo cual ha conducido a ideas confusas sobre nosotros mismos. Romanos continúa diciendo:

Por pensar que era una tontería reconocer a Dios, él los abandonó a sus tontos razonamientos y dejó que hicieran cosas que jamás deberían hacerse. (1:28)

Cuando este tipo de insensatez se apodera de un pueblo o una nación, Dios los abandona a sus propios designios. Una cultura en ese estado de abandono imagina que su locura es sabiduría.

SENTIDO COMÚN Y COMPASIÓN

Unos meses después de mi aventura cuidando a mis nietos, mi nieta mayor mencionó el mismo tema. Durante años, había conocido a la niña como Sara. Un día, fue a tocar a la puerta de los vecinos y preguntó si Sara podía salir a jugar.

El padre gritó: "¡El nombre es Sam, no Sara!", y le cerró la puerta en la cara. Mi nieta quedó confundida por la ira del papá. Pensaba que su amiga era de género fluido y podía usar ambos nombres.

"¿Cómo es su vida en la casa?", pregunté. "¿Sus padres están juntos?".

Ella explicó que los padres se habían divorciado recientemente.

"Probablemente está dolida", comenté.

"Sí, eso es lo que dijeron mis padres", respondió.

El hecho de que el mundo de esta niña se hubiera puesto patas arriba podría haber sido motivo suficiente para que sintiera la necesidad de una nueva identidad. Tal vez esperaba ganar la atención y protección de sus padres o encontrar un sentido de pertenencia en medio de una familia dividida y turbulenta. No lo sé, pero entiendo el trauma del divorcio.

Mis padres anunciaron su divorcio cuando comencé la secundaria. Su separación sacudió mi mundo por completo. Mis calificaciones bajaron, mis amistades cambiaron, y mi comportamiento se volvió errático. Perdí mi rumbo porque no sabía en qué ni en quién creer. Era una adolescente torpe que usaba overoles holgados para ocultar mi falta de forma femenina. No me gusta pensar en lo que podría haber sucedido si hubiera estado en una escuela pública ahora. Si alguien hubiera sugerido que nací en el cuerpo equivocado, probablemente habría estado de acuerdo. *Todo* lo demás en mi vida parecía terriblemente mal; ¿por qué habría de pensar que mi cuerpo estaba bien? Si me hubieran pedido identificarme en la secundaria, probablemente habría dicho que era un unicornio. Ciertamente sentía que tenía más en común con una criatura mítica que con las niñas de mi clase de gimnasia; pero los sentimientos no son hechos.

Doy gracias a Dios porque fui protegida de tomar decisiones que definieran mi vida durante el momento más vulnerable de la misma. Los adultos en mi mundo me aseguraron que la torpeza de la adolescencia pasaría. Si hubiera creído que estaba en el cuerpo equivocado, me habría perdido muchas cosas de mi vida que luego resultaron hermosas y correctas. Si hubiera creído que mi *entonces* era mi siempre, podría haber perdido la esperanza. Mi futuro contenía más de lo que una adolescente de una familia rota podría haber soñado en la secundaria. Encontré el amor, me convertí en madre de cuatro hijos y ahora disfruto del privilegio de tener cuatro nueras y un creciente número de nietos.

Lamentablemente, mi historia no siempre refleja la de los niños que hoy podrían sentirse confundidos. En lugar de alentarlos a que comprendan que la torpeza de esta etapa se transformará en algo muy diferente en la próxima, permitimos que se sientan atrapados en su *presente*. ¿Arrancamos flores de verano en primavera porque aún no han florecido? No, esperamos, regamos, quitamos las malas hierbas y protegemos su crecimiento. Si estamos dispuestos a hacer eso por las plantas, ¿cuánto más por nuestros hijos?

> *Hay una temporada para todo, un tiempo para cada actividad bajo el cielo.* (Eclesiastés 3:1)

La torpeza de la adolescencia no debería agrandarse y convertirse en un problema que necesite ser solucionado. Es una etapa de crecimiento y cambio. Los sentimientos incómodos asociados con sus cuerpos cambiantes se agravan cuando los niños son sexualizados en lugar de ser protegidos. Las diversas plataformas de redes sociales han sido como flautistas de Hamelín, alejando a los niños de sus padres. Y ¿con qué motivo? Trágicamente, en su mayoría por dinero. Nelson Mandela dijo una vez:

> El verdadero carácter de una sociedad se revela en cómo trata a sus niños.[6]

Nuestros niños están experimentando una pérdida de inocencia. ¿Por qué lo permitimos?

SENTIDO COMÚN, LENGUAJE COMÚN

He compartido dos de mis conversaciones recientes con mis nietas. Estoy segura de que tú también has tenido conversaciones en las que lo que antes se entendía, ahora está en duda. Podemos reconocer este conflicto en nuestro uso del lenguaje. Cada mes enfrentamos debates sobre cómo debe usarse el lenguaje colectivamente, qué significan las palabras y quién decide su significado. Recientemente vi una entrevista en la que una doctora se refirió a las mujeres embarazadas como "personas embarazadas". Cuando el entrevistador cuestionó su terminología y sugirió las palabras *mujeres* o *madres* como opciones más precisas, ella se defendió diciendo que su elección de palabras era inclusiva.[7]

La inclusión no debería superar a la precisión. "Personas embarazadas" confunde el tema. Una doctora sabe que solo las mujeres biológicas quedan embarazadas. Entiendo que las mujeres son personas, pero los hombres también lo son, y los hombres nunca son personas embarazadas. Sé que fue un intento de incluir a mujeres biológicas que se identifican en género como varones; sin embargo, después de llevar y dar a luz a cuatro hijos, no estoy dispuesta a compartir el privilegio único del embarazo con los hombres.

La degradación de las palabras debilita nuestro lenguaje, lo cual a su vez debilita nuestras conexiones. Retorcer el significado de las palabras deforma la estructura del lenguaje. Cuando los significados de las palabras se comprometen, nuestra capacidad de entendernos y comunicarnos queda socavada. Cuando hay un estado de confusión, las personas no saben cómo relacionarse. Incluso los niños están confundidos en un mundo donde las madres no son mujeres.

Creo que el lenguaje se ha usado como arma por nuestro enemigo para dividirnos, desorientarnos y silenciarnos. Una palabra o frase que significaba una cosa en el pasado, significa algo completamente diferente en nuestro presente. Cuando esto sucede, las personas están indecisas. Por miedo a equivocarse al hablar, las personas se convierten en cámaras de eco. Acabo de verificar, y actualmente hay alrededor de cincuenta pronombres de género.[8] Una lista en constante expansión de pronombres subjetivos es muy difícil de seguir.

La confusión se convierte en rey cuando las palabras pierden su significado. Las desconexiones se convierten en terreno fértil para el conflicto, la tensión y los malentendidos.

En su libro *1984*, George Orwell introdujo un concepto conocido como "doble discurso": la distorsión deliberada del lenguaje para disfrazar, oscurecer, ocultar o invertir los significados reales de las palabras.[9] Su ejemplo de doble discurso fue: "La guerra es la paz, la libertad es la esclavitud, la ignorancia es la fuerza".[10]

Una de nuestras ecuaciones podría ser: "La confusión es la claridad, lo incorrecto es lo correcto, las mentiras son mi verdad".

¿Cuál es el razonamiento que hay detrás de invertir el lenguaje? La respuesta se resume bien en la cita: "Quien controla el lenguaje controla a las masas".[11]

Definamos *lenguaje* para entender cómo podría controlar a las masas. El lenguaje es "un medio **sistemático** de comunicar ideas o sentimientos mediante el uso de signos, sonidos, gestos o marcas convencionales con significados entendidos".[12]

Lo opuesto a sistemático es caótico. Por definición, el lenguaje se basa en un entendimiento compartido. El dragón domina el caos, que es el malentendido y la desinformación generalizados. Existe una amenaza constante de ruptura en la comunicación cuando el uso de palabras y gestos cambia. Por ejemplo, saludar con la mano se reconoce como un gesto de reconocimiento y saludo; sin embargo, ¿y si de repente se convierte en un signo de hostilidad? Lo que antes comunicaba bienvenida ahora es una amenaza de agresión. Si no sé que el significado de un saludo ha cambiado, pensaría que estoy comunicando una cosa mientras todos los demás creen que estoy diciendo algo completamente diferente.

Las palabras son las piezas fundamentales del lenguaje, pero cuando sus significados se desmoronan, se crean brechas en nuestra comprensión e inestabilidad en nuestras conversaciones. Cuando las palabras se distorsionan, perdemos nuestra conexión con la realidad y la historia. Sin estos anclajes, quedamos a la deriva en un mar de malentendidos.

Las personas organizan sus cerebros con la conversación.

Jordan B. Peterson[13]

¿Realmente podemos permitirnos tener cerebros desorganizados? ¡Yo sé que no puedo! Mi esposo y yo procesamos verbalmente nuestras ideas. Es un regalo poder compartir pensamientos, miedos, sueños e ideas con alguien que te conoce, te ama y quiere entenderte. Mucha confusión se elimina a través de nuestras conversaciones.

Además de ser nuestra forma de comunicarnos, el lenguaje es como aprendemos, compartimos ideas, expresamos emociones, establecemos conexiones significativas, resolvemos problemas, compartimos respuestas, pedimos ayuda, y hacemos o rompemos promesas. Cuando los significados de las palabras se corrompen, nuestros pensamientos también lo hacen. Mi madre solía decirme: "Basura entra, basura sale".

Era su modo de decir que lo que depositas es lo que estará disponible para retirar.

El invierno pasado cuidé a uno de mis nietos, y cada vez que pasábamos por la chimenea, yo extendía mi mano y decía con firmeza: "¡Caliente!". Ahora, cada vez que me ve y hay una chimenea, él declara: "¡Caliente!". Entre nosotros hay un entendimiento claro de esa palabra.

Si algunas palabras han sido usadas como armas, entonces otras palabras pueden ser usadas para sanar. El lenguaje puede crear o destruir, al igual que las palabras tienen el poder de sanar o herir. Por estas razones solamente, las palabras son sagradas.

En su ensayo "Politics and the English Language" (La política y el lenguaje inglés), George Orwell propuso que no hay ruta más rápida hacia la corrupción del pensamiento que mediante la corrupción del lenguaje.[14] Sus palabras se hacen eco de la sabiduría de Proverbios:

La sabiduría te librará del camino de los malvados,
de los que dicen ***palabras perversas,***
de los que se apartan del camino recto
para ***andar por sendas tenebrosas,***
de los que ***se complacen en hacer lo malo***
y festejan la perversidad,
de los que ***andan por caminos torcidos***
y por ***sendas extraviadas.***
(Proverbios 2:12-15, NVI, énfasis añadido)

La perversión del lenguaje conduce a caminos tenebrosos y a la celebración de la maldad perversa. ¿Cómo se pervierten las palabras? El diccionario *Merriam-Webster* lo explica como el proceso de corromper, desviar, utilizar mal o malinterpretar.[15] Esto significa que el sentido original de una palabra es alterado, cambiado, mal utilizado o desviado de modo que la palabra sea malinterpretada. El lenguaje perverso inicia un éxodo de las sendas de la luz. El profeta Isaías advirtió:

¡Ay de los que llaman a lo malo bueno
y a lo bueno malo,
que tienen las tinieblas por luz
y la luz por tinieblas,
que tienen lo amargo por dulce
y lo dulce por amargo! (Isaías 5:20, NVI)

Y aquí estamos. La lujuria se llama amor. Los hombres se llaman mujeres. Las mujeres son personas embarazadas, alimentadoras de pecho y personas que sangran. El mal se llama bien y el bien se llama mal. La rebelión es libertad, y cualquier cosa que se interponga en el camino de la autorrealización es considerada odio y esclavitud. En tiempos de palabras distorsionadas, el remedio es un regreso a la Palabra de Dios.

La torre de Babel demostró que lo imposible será posible cuando las personas estén unidas en lenguaje y propósito. Nuestro adversario, el dragón, no es ignorante; sabe que la construcción de la impía torre de Babel fue detenida cuando las personas ya no se entendieron entre sí. El proyecto fue abandonado, y las personas desobedientes fueron dispersadas cuando su lenguaje común fue deconstruido (Génesis 11). Del mismo modo, espera socavar la construcción de un templo santo: el cuerpo de Cristo.

> *En él [Jesús] todo el edificio, bien armado, se va levantando para llegar a ser un templo santo en el Señor. En él también ustedes son edificados juntamente para ser morada de Dios por su Espíritu.* (Efesios 2:21-22, NVI)

La Palabra de Dios es el lenguaje que hablamos y permitimos que dirija el curso de nuestras vidas; sin embargo, cuando las palabras se corrompen, el texto sagrado es distorsionado. Jesús es la Palabra viva, otra razón por la cual la perversión de las palabras es tan diabólica. En 1 Corintios 14 Pablo aborda el tema de la confusión en la iglesia corintia:

> *Hay muchos idiomas diferentes en el mundo, y cada uno tiene significado; pero si no entiendo un idioma, soy un extranjero para el que lo habla, y el que lo habla es un extranjero para mí.* (vv. 10-11)

Pablo habló de la incapacidad de las personas para entender el significado de las palabras habladas en otros idiomas (lenguas desconocidas) en una reunión de creyentes. Este mismo desafío se presenta cuando ministro en otro país. Como no hablo ni entiendo su idioma, trabajo con un intérprete, de manera que lo que digo en inglés sea comprendido. Pero ¿y si digo "esposo" y lo traducen como "novio"? No tendría modo de saber lo que dijeron, y todos estarían confundidos por el sinsentido.

> **Sinsentido,** sustantivo: palabras o lenguaje que no tienen significado ni transmiten ideas inteligibles; lenguaje, conducta o una idea que es absurda o contraria al buen sentido.[16]

El sinsentido es ruido sin entendimiento. Como parte de su ejemplo, Pablo dice:

> *Y si la trompeta no da un toque claro, ¿quién se va a preparar para la batalla?* (1 Corintios 14:8, NVI)

Los sonidos sin significado crean más preguntas que respuestas. Rodeados de sonidos inarticulados o confusos, las personas no saben cómo responder. ¿Fue eso un llamado a las armas o una señal de retirada? Cuando entiendes el significado de lo que escuchas, tienes una dirección a seguir.

Tal vez hayas oído: "A veces, la forma más fácil de resolver un problema es dejar de participar en el mismo". Estoy de acuerdo. Podemos usar un lenguaje preciso sin ser odiosos. Por ejemplo, nunca me llamaré a mí misma "mujer cis". Nunca llamaré a una mujer embarazada una "persona gestante". No puedo controlar cómo otros se refieren a mí, pero me referiré a mí misma según mi biología femenina. No hay razón para actuar de otra manera. Soy una mujer.

A todos se nos ha invitado a participar en la corrupción del lenguaje y en el mal uso de las palabras. Las personas quieren que digamos cosas que no creemos y usemos palabras confusas sin significado. Me enseñaron que estas prácticas son, en el mejor de los casos, adulación y, en el peor, mentiras; cualquier cosa en el medio es sinsentido. Llega un momento en que la participación se convierte en validación.

Cuando mentir se considera un acto de bondad y la insensatez se ve como sabiduría, es hora de abandonar la conversación. En mi opinión, es lo mismo que pretender que un dragón es inofensivo por acariciarlo.

Porque nos importa, no podemos ser descuidadas con lo que decimos y con lo que elegimos no decir. Protejamos palabras como *mujer* y *varón*, *hijo* e *hija*, *hermano* y *hermana*, *madre* y *padre*. Si las palabras se eliminan de nuestro lenguaje, no pasará mucho tiempo antes de que estén perdidas para nuestro mundo. Lo no escuchado se convierte en lo no dicho, y lo no dicho se convierte en lo no visto.

No pienses que estoy equiparando lo no visto con lo invisible; más bien, imagínalo como algo o alguien irreconocible.

EL PODER DEL LENGUAJE

Las palabras que nos decimos unos a otros importan.

Las palabras que nos decimos a nosotros mismos importan.

Las palabras que otros han dicho sobre nosotros importan.

Estas son algunas de las muchas razones por las que debemos elegir nuestras palabras sabiamente. Las palabras no son meramente una colección de letras. Son expresiones del alma. Cuando ya no decimos lo que queremos decir, ya no queremos decir lo que decimos, y nuestro corazón se rompe un poco. Así como el mal uso de las palabras puede atraparnos y enredarnos, las palabras correctas nos liberan. En tiempos de oscuridad, la Palabra de Dios es nuestra lámpara:

> *Tu palabra es una lámpara que guía mis pies y una luz para mi camino.* (Salmos 119:105)

Es hora de hablar con fluidez el lenguaje de nuestra creación. Nuestro Padre celestial nos ha dado su Palabra para que, cuando no sepamos qué pensar, podamos adoptar su perspectiva.

> *«Porque Mis pensamientos no son los pensamientos de ustedes,*
> *Ni sus caminos son Mis caminos», declara el Señor.*
> *«Porque como los cielos son más altos que la tierra,*
> *Así Mis caminos son más altos que sus caminos,*
> *Y Mis pensamientos más que sus pensamientos.*
> *Porque como descienden de los cielos la lluvia y la nieve,*
> *Y no vuelven allá sino que riegan la tierra,*
> *Haciéndola producir y germinar,*
> *Dando semilla al sembrador y pan al que come,*
> *Así será Mi palabra que sale de Mi boca,*
> *No volverá a Mí vacía*
> *Sin haber realizado lo que deseo,*
> *Y logrado el propósito para el cual la envié.*
>
> (Isaías 55:8-11, NBLA)

Su Palabra es su voluntad. Su Palabra revela sus pensamientos. Su Palabra revela sus caminos. Que nuestras palabras reflejen su gracia en esta tierra, bendiciéndola con el bien en lugar del mal, con frescura en lugar de sequía, y con orden en lugar de caos. Venga su reino y hágase su voluntad. Que elijamos nuestras palabras sabiamente y creemos caminos hacia adelante.

¿Qué conversaciones te resultan más confusas?

¿Qué puedes hacer para usar el lenguaje con más claridad?

¿Qué es algo por lo que puedes orar?

Capítulo 11

La lucha cultural por lo femenino

Cuando los hombres dejan de creer en Dios, no creen en nada; creen en cualquier cosa.
—G.K. Chesterton

Yo soy ciudadana de dos países.

Estados Unidos es la tierra donde nací, e Italia es la tierra de mi herencia. Hablo con fluidez solo en inglés y, sin embargo, Italia habla un lenguaje que todos entendemos: la historia. Nerón fue uno de los emperadores más notorios de Roma. Su primera esposa fue Octavia; fue un matrimonio de conveniencia política. No pasó mucho tiempo antes de que la acusara falsamente de adulterio y, tras su ejecución, se casó con su amante, Sabina. Este matrimonio también terminó mal cuando, según se dice, Nerón la pateó hasta matarla en el año 65 d. C. (algunas fuentes afirman que estaba embarazada). La tercera esposa de Nerón, y emperatriz de Roma, fue un esclavo varón de dieciséis años llamado Sporo, a quien Nerón mandó castrar y vestir como mujer.[1]

¿Algo de eso te resulta familiar de alguna manera? Líderes corruptos motivados políticamente, falta de respeto por el matrimonio y la vida. Estamos en el proceso de ser testigos de la decadencia cultural de nuestra nación.

El autor y periodista británico Douglas Murray señaló en una reciente entrevista:

> Todo este asunto de lo no binario es brillante si quisieras desmantelar la sociedad porque, nuevamente, haces que [las personas] finjan que hombres y mujeres no existen... Dices que no hay diferencia entre hombres y mujeres... Si haces esas cosas, por supuesto que la gente termina dudando de todo, de todo. Y, por eso, estas cosas preocupan a algunos de nosotros, porque si se persuade a todos a dudar de lo que ven con sus ojos, entonces se les puede persuadir a creer cualquier cosa después.[2]

Cuando las personas dudan de todo, se abre la puerta para que crean en cualquier cosa. Cada vez que pienso que la mentalidad de "todo vale" no puede volverse más ridícula o absurda, lo hace; sin embargo, no debería sorprenderme porque el Imperio romano demuestra que ya hemos estado aquí antes.

> Aquellos que no recuerdan el pasado están condenados a repetirlo.
> George Santayana[3]

Comencé este capítulo con esta cita de G. K. Chesterton: "Cuando los hombres dejan de creer en Dios, no creen en nada; creen en cualquier cosa".

No podemos seguir el ritmo de una cultura que cree en todo y en nada. Creer en Dios es creer en lo que Él dice.

Las mujeres biológicas están experimentando un robo de identidad que amenaza la verdad de nuestro origen divino. Recientemente, a las mujeres se nos otorgó el prefijo *cis* para designar a aquellas cuyo sexo biológico "asignado" y su "identidad de género" coinciden; sin embargo, el uso del término *asignado* intenta socavar el hecho de que nuestro ADN está divinamente tejido. Es un don de Dios, no algo arbitrariamente asignado al nacer. En el amanecer de nuestra creación, se nos dio el nombre de *mujer*.

Génesis 2:19 (NBLA) narra la habilidad dada por Dios al hombre para poner nombres:

> *Como el hombre llamó a cada ser viviente, ese fue su nombre.*

Los nombres son significativos. Tienen el poder de crear asociaciones entre palabras e imágenes. Cuando escuchamos el nombre de alguien, vemos a la persona. Cuando Dios trajo a la mujer al hombre, él declaró:

> *¡Esta es hueso de mis huesos*
> *y carne de mi carne!*
> *Ella será llamada "mujer"*
> *porque fue tomada del hombre.* (v. 23)

Esta designación, "ella será llamada mujer", no deja lugar para "él será llamado mujer". Fuimos tomadas del hombre; él no puede "llevarnos puestas" por fuera.

Mujer es *nuestro* nombre de creación.

Como tal, cualquier prefijo diluye o distorsiona nuestro nombre, y no permitiremos que nos despojen de nuestro nombre. *Mujer* es un nombre destinado a ser compartido solo entre las hembras. Me adhiero a la creencia bíblica de que solo hay dos sexos (hombre y mujer), y a la idea clásica de que estos sexos tienen dos géneros correspondientes: masculino y femenino, y que dentro de cada uno hay libertad de expresión.

Los prefijos socavan y confunden innecesariamente. El prefijo *cis* significa "en el mismo lado de".[4] Esto se añadió para abrir camino a la categoría de "trans". Como dato de interés, el prefijo *trans* significa "en el otro lado de", "a través de", "más allá" o "cambiar o transferir".[5] El otro lado de mujer siempre será hombre. Por definición, *trans* sugiere que hombres y mujeres pueden cambiar de lado. Esto no es la perspectiva de Dios.

MUJER ES *NUESTRO* NOMBRE DE CREACIÓN.

Por favor, entiendan que no tengo intención de ser cruel. No estoy abordando el caso de personas intersexuales; entiendo que existen. Este desafío biológico se produce en el 0.005–0.018 por ciento de los nacimientos, donde están presentes gónadas masculinas y femeninas.[6] Esta condición es física y reconocible. Los médicos trabajan con sus pacientes intersexuales para determinar cuál es el sexo/género más compatible para ellos. Este es el único caso en el que asignar un sexo/género tiene sentido. Tampoco deseo minimizar la lucha agonizante de quienes realmente sufren de trastorno de identidad de género (que ocurre en 2-3 mujeres por cada 100 000 y 5-14 varones por cada 100 000).[7]

Lo que quiero abordar es cuán rápidamente se ha dejado de lado el sexo biológico en favor de la idea de que el género es meramente una construcción social en lugar de una expresión alineada con nuestro sexo biológico. La identidad de género no es lo mismo que ser intersexual; es cómo se siente alguien con respecto a su sexo biológico.

Ejemplos básicos de género como construcción social son que las niñas vistan de color rosa y los niños de azul, o que las niñas jueguen con muñecas y los niños con carros. Pero ¿y si una niña quiere usar el color azul y jugar con carros? ¿O si un niño quiere usar el color rosa y jugar con muñecas? Creo que la respuesta a estas preguntas es permitir una variedad de expresiones de género donde las niñas puedan ser "marimachos" sin vergüenza (como yo crecí) y los niños puedan ser afectuosos.

Esto parece una opción mucho más amable que decir que el sexo y género de nuestros hijos están desalineados y perseguir un protocolo de uso de hormonas de por vida y cirugías que comprometen su salud y capacidad reproductiva en el largo plazo.

Mi esperanza es recuperar un sentido de cordura y claridad. Cuando era pequeña prefería la compañía de los chicos, pero nunca pensé que yo era uno de ellos. Al mirar atrás, mis tendencias de marimacho ayudaron a fomentar una comprensión de los hombres que algún día necesitaría como mamá de cuatro de ellos.

Y, sin embargo, ¿es el género solo una colección de patrones de conducta, rasgos de personalidad y preferencias? Hubo un tiempo en el que nunca quise casarme y otro en el que, cuando era joven, quería ser astronauta. Pero me casé, me convertí en madre y, finalmente me convertí en autora.

No podemos olvidar lo que significa ser una mujer.

> *Lo peor vino después. Al negarse a conocer a Dios, pronto dejaron de saber cómo ser humanos; las mujeres no sabían cómo ser mujeres, los hombres no sabían cómo ser hombres.*
>
> (Romanos 1:26, MSG, traducción libre)

Hemos perdido el rumbo cuando los hombres y las mujeres olvidan su humanidad y ya no recuerdan cómo conectar y cuidarse unos a otros.

Para atender la difícil situación de quienes realmente padecen disforia de género, las mujeres hicieron la concesión de permitir que un pequeño porcentaje de hombres que se vestían como mujeres compartieran nuestros baños, pero esta concesión se ha transformado en una invasión de otros espacios. De repente, hombres sin historial previo de disforia de género decidieron identificarse como mujeres. Nuestras hijas han sido agredidas física y sexualmente en espacios que antes eran seguros. Mujeres han sido violadas por delincuentes sexuales que ahora se identifican como mujeres en prisiones. Niñas han sido agredidas en los pasillos y baños de las escuelas.[8] Tal vez te perdiste el video donde un niño de secundaria, vestido como niña, golpeó a una niña en el pasillo de su escuela mientras sus compañeros de clase miraban. Nadie intervino para ayudarla... estaban demasiado ocupados grabando la pelea en sus teléfonos.[9]

Aquí está mi preocupación: las mujeres biológicas que han hecho la transición a "hombres trans" mediante hormonas, cirugía o autodeclaración, no representan una amenaza para la seguridad de los hombres. Aún no he visto ni escuchado historias de hombres trans superando o lastimando a hombres en deportes o competiciones profesionales. Los hombres trans no agreden sexualmente a los prisioneros varones en las cárceles, y los varones no temen compartir baños públicos o vestuarios escolares con hombres trans. La seguridad de las mujeres biológicas no está amenazada por los hombres trans, pero las mujeres están siendo amenazadas y atacadas por "mujeres trans" (hombres biológicos).

Incluso cuando las mujeres se sintieron sexualizadas al extremo, seguimos siendo civilizadas y tolerantes mientras las *drag queens* dejaban los confines de los clubes para adultos e invadían los espacios de nuestros niños como escuelas, bibliotecas y celebraciones de vacaciones. Se nos dijo que estuviéramos de acuerdo con las parodias de lo femenino. Las muchachas que competían por ser reinas del baile de graduación y de bienvenida se hicieron a un lado y dejaron que los jóvenes ganaran.[10]

Mujeres trans han sido nombradas "Mujer del Año".[11] Y las mujeres de todo el mundo están en su mayoría en silencio, o extrañamente apoyando. ¿Cómo podemos estar de acuerdo con esto? ¿Hemos olvidado lo que significa ser mujer? La gente aplaude mientras a las mujeres biológicas se les arrebatan títulos que antes solo pertenecían a las mujeres, pero que ahora se otorgan a una versión hermosa pero sexualizada de la feminidad. Dos naciones enviaron mujeres trans como representantes al certamen de Miss Universo.[12] ¿Es correcto apoyar la inclusión excluyendo a las mujeres? Si esto continúa, ¿qué heredarán nuestras hijas?

> No puedes amar algo sin querer luchar por ello.
>
> G. K. Chesterton[13]

Vale la pena luchar por nuestros hijos.

Después de hablar en un evento reciente para mujeres, la esposa de un pastor me llamó a un lado. Me preguntó si conocía a un ministro específico que había hecho trabajo misionero en todo el mundo, pero que había fallecido hace un tiempo. Le expliqué que había oído hablar de él, pero que nunca lo conocí. Ella compartió que había organizado un evento para mujeres décadas atrás, con él como orador. Después de eso, notaron que él estaba llorando. Alarmados, le preguntaron qué le preocupaba. Él compartió: "Veo un ataque contra las mujeres, y si el enemigo agarra a las mujeres, agarrará a los niños".

Está sucediendo.

Nuestros hijos están en riesgo, y la amenaza es tanto física como emocional. En mi ciudad natal, un hombre trans (mujer biológica) disparó a tres niños de seis años y a tres adultos de unos sesenta años en una escuela cristiana.[14] Atrocidades de esta naturaleza pocas veces son cometidas por una mujer. Las mujeres tienden a proteger la vida en lugar de arrebatarla. Pero, por otro lado, cuestiono la capacidad de cualquier mujer para procesar la agresión que llegaría con dosis de testosterona lo suficientemente altas como para cambiar químicamente a una mujer en hombre.

Algunos sistemas de escuelas públicas han cambiado sus programas educativos para acomodar ideologías de género. Los maestros que no obedecen han sido forzados a dejar sus puestos.[15] Niños de edad escolar conocidos como hijos o hijas en el santuario de sus hogares son alentados a cuestionar su género. *¿Cómo sabes que eres un niño? ¿Estás seguro de que sigues siendo una niña?*

Las secciones de juventud y niños de nuestras bibliotecas públicas y escolares están inundadas de literatura pornográfica ilustrada dirigida a los niños.[16] Los padres han sido físicamente expulsados de las reuniones de la junta escolar a las que asistieron para protestar por la inclusión de estos materiales. Han sido retirados por leer extractos o mostrar ilustraciones de esos libros. Los funcionarios han considerado el material demasiado ofensivo para una reunión con adultos; sin embargo, en lugar de retirar los libros, han retirado a los padres.[17] Esto ha causado que muchos padres saquen a sus hijos de la educación pública, que es una capa delgada de protección si sus hijos tienen acceso a las redes sociales o si los amigos de sus hijos las tienen.

En años recientes, el número de jóvenes que se identifican como transgénero se ha duplicado.[18] Nuestras instituciones médicas son alentadas a no cuestionar la disforia de género de inicio rápido, sino a afirmarla y proceder con un protocolo médico.

En algunas clínicas, se ha convertido en la cura para todos los males. ¿Estás deprimido? Tal vez eres del género equivocado. ¿No eres popular? ¿Has considerado cambiar de género? ¿Te sientes incómodo en tu cuerpo adolescente? ¿Por qué no probar con hormonas cruzadas y una cirugía de pecho? Las consecuencias de estas decisiones pueden variar desde nunca tener hijos hasta nunca amamantar a un hijo que podrían tener.

Es probable que algunos de ustedes conozcan a alguien a quien le hayan dicho estas mismas cosas. Le dijeron que cambiar su género solucionaría todos sus problemas, y tal vez, por un momento sintieron que lo hacía; sin embargo, después se dieron cuenta de que sus problemas solo se habían multiplicado. Los cambios drásticos que hicieron en su cuerpo no lograron arreglar el quebranto íntimo en su alma. Tal vez eres un padre o conoces a alguno a quien le dijeron que esta es la única manera de avanzar para un hijo que lucha con la disforia de género.

Las personas están sufriendo, y cuando las personas tienen dolor, recurren a lo que se les presenta como una promesa de alivio. Desesperados por respuestas, muchos acuden al internet para hablar de sus luchas con desconocidos en lugar de examinar sus preguntas con la familia y los amigos cercanos. Las redes sociales y los algoritmos en línea se aprovechan de su situación y los bombardean con mensajes. Los más desesperados por esperanza son los más vulnerables a las mentiras. Hay una generación cuya identidad es asaltada cada día. Debo creer que es porque el enemigo sabe que si alguna vez descubren su verdadera identidad... serán una amenaza. No tengo todas las respuestas, pero sí conozco a Aquel que es la verdad. Creo que a medida que avancemos en oración consagrada y conversaciones constructivas, encontraremos respuestas en el camino.

Este capítulo se centró en exponer nuestra batalla cultural.

¿Algo de lo que dije te molestó?

Si es así, ¿con qué no estuviste de acuerdo?

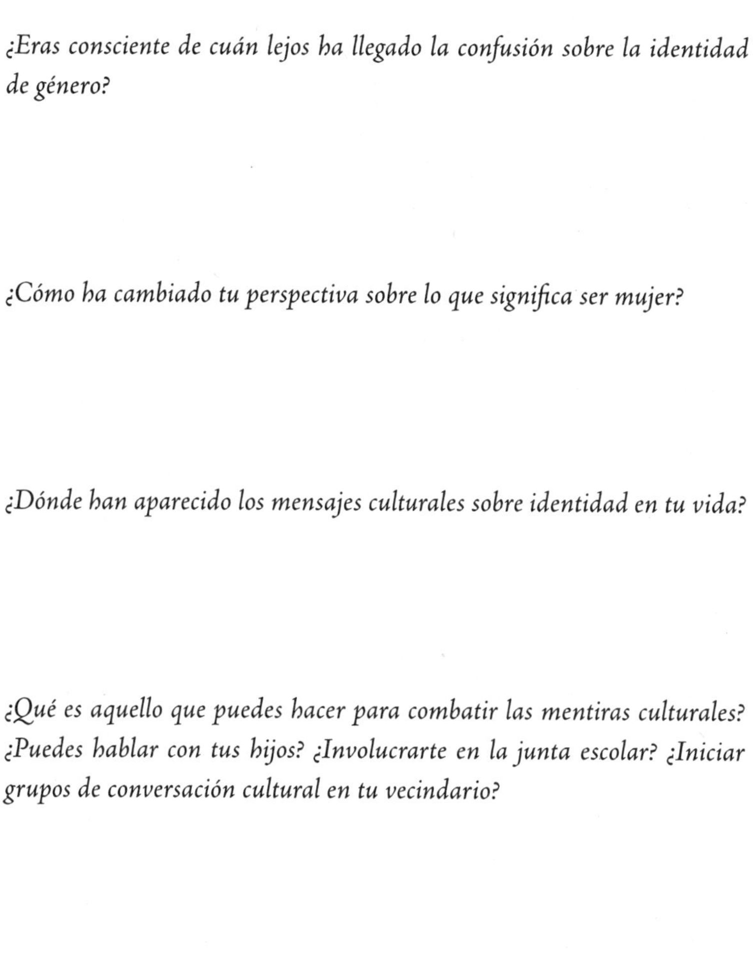

¿Eras consciente de cuán lejos ha llegado la confusión sobre la identidad de género?

¿Cómo ha cambiado tu perspectiva sobre lo que significa ser mujer?

¿Dónde han aparecido los mensajes culturales sobre identidad en tu vida?

¿Qué es aquello que puedes hacer para combatir las mentiras culturales? ¿Puedes hablar con tus hijos? ¿Involucrarte en la junta escolar? ¿Iniciar grupos de conversación cultural en tu vecindario?

Capítulo 12

La lucha contra los ídolos

Queridos hijos, apártense de los ídolos.
1 Juan 5:21 (NVI)

Décadas atrás, mi esposo, John, era responsable de atender a los ministros que llegaban para hablar en la iglesia a la que asistíamos. Un misionero al que atendió nos invitó a acompañarlo para un desayuno temprano. Yo tenía un poco de miedo de este hombre. Parecía un anciano gruñón y malhumorado, pero en ese desayuno descubrí otro lado de él. Era un gran osito de peluche. Escuchamos atentamente mientras compartía historia tras historia de sus años como misionero en el extranjero.

A medida que nuestro tiempo juntos llegaba a su fin, la conversación dio un giro. En lugar de compartir lo que había visto en el pasado, nos advirtió sobre lo que estaba por llegar. En ese momento lo escuchamos con incredulidad. Tristemente, lo que compartió ese día retrataba el mundo en el que vivimos hoy. Más tarde, cuando John y yo estábamos solos en nuestro auto, ambos nos preguntamos sobre algo que él había dicho y que ninguno de los dos entendió. Él estaba convencido de que llegaría un día en el que las vidas de las personas estarían controladas por una caja que sostuvieran en sus manos.

¿Cómo podría una caja controlar a alguien? Nos preguntamos si estaba teniendo un momento de senilidad. No podíamos imaginar una caja que dijera a las personas qué hacer, mucho menos a alguien escuchándola. Las cajas eran para regalos, embalaje, envío y almacenamiento. El año en que nos compartió esto fue 1984 o 1985, cuando los teléfonos estaban en los escritorios, mesitas de noche o paredes.

Cuatro décadas después, esta caja cree que es tu jefa. No estoy culpando a nadie, pero ¿has sido testigo del pánico que experimenta la gente por un teléfono extraviado? He visto esto incluso cuando están hablando por él. Si estás viajando, lo entiendo. Me refiero a cuando están en casa y lo tenían en las manos diez minutos antes. La demanda incesante de tu teléfono te abrumará si se lo permites. No dejes que te intimide.

Y luego está el ruido constante de las redes sociales que maximizan algunas voces y minimizan otras. Los medios de comunicación inundan nuestros hogares con historias e imágenes de violencia, crímenes desenfrenados y robos. Las noticias son una corriente constante de negatividad. Cualquier sensación de estabilidad se ve sacudida por amenazas de control de la población, escasez de alimentos, cultura de la cancelación, corrupción política, guerras y rumores de guerras. No fuimos creados para recibir tantas horas de tanta negatividad. Nuestros hogares deberían ser refugios.

SI LA CAJA QUE TIENES EN TUS MANOS SOCAVA LA VIDA Y LAS RELACIONES QUE QUIERES CONSTRUIR, COLÓCALA EN SU LUGAR CORRECTO.

La caja escucha cuidadosamente y utiliza algoritmos para generar compras y captar tu atención con intereses actuales. Una constante variedad de distracciones seleccionadas aleja a los desprevenidos de lo que realmente importa. Cuando los padres tienen un teléfono en sus manos, los niños sienten que deben competir por su atención. Cuando los niños tienen un teléfono, los padres tienen dificultades para captar su atención. Los esposos se sienten ignorados por sus esposas y las esposas por sus esposos cuando el teléfono está presente. Les roba el tiempo que tienen juntos.

Los amigos concentrados en capturar una foto de su tiempo juntos pueden perderse momentos significativos. No fuimos creados para ser asaltados por comparaciones constantes ni para vivir bajo la presión de presentar siempre nuestras vidas ante una audiencia de desconocidos. La vida es más que una sesión de fotos, y tus hijos y tu matrimonio son más que contenido para tu plataforma social.

Si lo permites, el teléfono interrumpirá constantemente tu vida y tus conversaciones. Cualquier invitado que se comportara de esa manera no sería invitado de nuevo. Incluso nuestros hijos están entrenados para no interrumpir porque es grosero. Y, sin embargo, dejamos que el teléfono se comporte de maneras que nunca toleraríamos de otros. Tu teléfono es una herramienta. No es tu consejero ni tu compañero íntimo. Si la caja que tienes en tus manos socava la vida y las relaciones que quieres construir, colócala en su lugar correcto. Cuando apago mi teléfono en la noche, digo: "Buenas noches, mundo de mentira", y eso es exactamente lo que es: una colección de apariencias.

Tan potencialmente dañino como es para nuestras relaciones interpersonales, representa una amenaza todavía mayor para nuestras almas. Isaías 30:15 (NBLA) nos dice:

Porque así ha dicho el Señor Dios, el Santo de Israel:
«En arrepentimiento y en reposo serán salvos;
en quietud y confianza está su poder».
Pero ustedes no quisieron.

El reposo se encuentra cuando nos apartamos de la idolatría del constante esfuerzo. Cuando elegimos estar quietos y saber que Él es la fuente de la vida y la fortaleza. Cuando confiamos en que en medio del caos hay un camino claro hacia adelante. El silencio puede volverse incómodo cuando hemos sido condicionados al ruido constante, pero es necesario. En la quietud oímos lo que el Espíritu está diciendo, ya sea a través de meditar en las Escrituras, leer, orar, un servicio, una canción o un amigo.

Los ruidos fuertes y constantes tienen la capacidad de hacernos insensibles al consejo silencioso del Espíritu Santo. Cuando dejamos la caja, podemos centrarnos en alinear nuestro corazón con su Creador. El mensaje constante podría compararse con estar frente a un altavoz de graves cuyas fuertes vibraciones comprimen tu corazón. Y este tipo de presión sobre el corazón ha continuado por años. En tiempos de caos ruidoso y de dudas, el enemigo intenta apoderarse de nuestra adoración.

¿QUÉ ADORAMOS?

En el libro de Daniel, este conflicto se manifestó de una manera dinámica. El rey Nabucodonosor ordenó que todos sus súbditos (que incluían a los israelitas que estaban cautivos en Babilonia) se inclinaran ante su imagen de oro (un ídolo) siempre que sonara cualquier tipo de música, ya fuera un solo instrumento o una cacofonía de sonidos.

> *Entonces un vocero proclamó: «¡Gente de todas las razas, naciones y lenguas escuchen el mandato del rey! Cuando oigan tocar la trompeta, la flauta, la cítara, la lira, el arpa, la zampoña y otros instrumentos musicales, inclínense rostro en tierra y rindan culto a la estatua de oro del rey Nabucodonosor. ¡Cualquiera que se rehúse a obedecer será arrojado inmediatamente a un horno ardiente!».* (Daniel 3:4-6)

Parecería que cuanto más ridícula era la orden, más severo era el castigo. El rey dio dos opciones: caer al suelo o morir quemado. Al igual que Lucifer, Nabucodonosor entendía que la música tenía el poder de establecer conexiones emocionales. Recordamos lo que cantamos, así como, en menor grado, tenemos recuerdos asociados a canciones. Este rey reclamó todo el poder de la música y los sonidos de *todos* los instrumentos musicales para la adoración de su ídolo. Tres hombres hebreos se negaron. Ellos adoraban solo a su Dios hebreo. Inclinarse significaría elevar sus almas a un ídolo, una práctica que su Dios prohibió estrictamente. Indignado por su rebelión, el rey envió a buscarlos y dio otra oportunidad para que sus sabios consejeros se postraran.

> *¿Es cierto, Sadrac, Mesac y Abed-nego, que ustedes se rehúsan a servir a mis dioses y a rendir culto a la estatua de oro que he levantado? Les daré una oportunidad más para inclinarse y rendir culto a la estatua que he hecho cuando oigan el sonido de los instrumentos musicales. Sin embargo, si se niegan, serán inmediatamente arrojados al horno ardiente y entonces, ¿qué dios podrá rescatarlos de mi poder?* (vv. 14-15)

Te darán muchas oportunidades para hacer concesiones. No lo hagas. Si sabes que tenías la razón la primera vez, mantente firme en ello. Quiero destacar algunos pensamientos en este pasaje. En primer lugar, Nabucodonosor vinculó su identidad a estos dioses y a la imagen. Este vínculo se refleja en sus palabras "mis dioses" y adorar "la estatua de oro que he levantado". Después, como mencionamos antes, los elaborados instrumentos musicales y las opciones fueron un intento de dominar cualquier otra forma de música y crear un concierto de caos. Y, por último, el rey se puso al nivel del Santo de Israel al decir que ningún dios podría rescatarlos de su mano.

> *Sadrac, Mesac y Abed-nego contestaron:*
> *—Oh Nabucodonosor, no necesitamos defendernos delante de usted. Si nos arrojan al horno ardiente, el Dios a quien servimos*

> *es capaz de salvarnos. Él nos rescatará de su poder, su majestad; pero aunque no lo hiciera, deseamos dejar en claro ante usted que jamás serviremos a sus dioses ni rendiremos culto a la estatua de oro que usted ha levantado.* (vv. 16-18)

TE DARÁN MUCHAS OPORTUNIDADES PARA HACER CONCESIONES. NO LO HAGAS.

Es tentador argumentar: *¿Dónde está el daño si sabes que no es un dios? Solo inclínate. Hazle un favor.* No vale la pena perder la vida. Me encanta la respuesta: "No necesitamos defendernos delante de usted". En otras palabras, están diciendo que eso no está en discusión; el asunto está resuelto. Esto enfureció al rey, y ordenó a sus hombres que subieran la temperatura siete veces más. Estaba tan caliente, que los hombres que arrojaron a Sadrac, Mesac y Abednego al horno murieron por el calor.

> *Pero estos tres hombres, Sadrac, Mesac y Abed-nego cayeron, atados, en medio del horno de fuego ardiente. Entonces el rey Nabucodonosor se espantó, y levantándose apresuradamente preguntó a sus altos oficiales: «¿No eran tres los hombres que echamos atados en medio del fuego?». «Así es, oh rey», respondieron ellos. «¡Miren!», respondió el rey. «Veo a cuatro hombres sueltos que se pasean en medio del fuego sin sufrir daño alguno, y el aspecto del cuarto es semejante al de un hijo de los dioses».*
> (vv. 23-25, NBLA)

Las matemáticas no cuadraban. Tres hombres atados y arrojados no es igual a cuatro libres y caminando.

> *Entonces Nabucodonosor se acercó tanto como pudo a la puerta del horno en llamas y gritó: «¡Sadrac, Mesac y Abed-nego, siervos del Dios Altísimo, salgan y vengan aquí!». Así que Sadrac, Mesac y Abed-nego salieron del fuego.* (v. 26)

Simplemente caminaron fuera de las llamas.

> *Entonces Nabucodonosor dijo: «Bendito sea el Dios de Sadrac, Mesac y Abed-nego que ha enviado a Su ángel y ha librado a Sus siervos que, confiando en Él, desobedecieron la orden del rey y entregaron sus cuerpos antes de servir y adorar a ningún otro dios excepto a su Dios* (v. 28, NBLA)

Es una cosa cantar sobre otro en el fuego, y otra muy distinta vivir la realidad de eso. Las palabras del rey, "confiando en Él, desobedecieron la orden del rey y entregaron sus cuerpos antes de servir y adorar a ningún otro dios excepto a su Dios", nos brindan perspectiva sobre maneras de evitar la idolatría.

El momento llegará cuando confiar en Dios significará que una elección como esta se pondrá frente a ti. No discutas ni te inclines. Puedes negarte a conformarte sin ser contenciosa. Nuestros cuerpos ahora son templos reservados para el servicio y la adoración solamente de Dios. En 2 Corintios 6:16 Pablo nos amonesta:

> *¿Y qué clase de unión puede haber entre el templo de Dios y los ídolos? Pues nosotros somos el templo del Dios viviente. Como dijo Dios:*
> *Viviré en ellos*
> *y caminaré entre ellos.*
> *Yo seré su Dios,*
> *y ellos serán mi pueblo.*

El templo de Dios no tiene acuerdo ni espacio para los ídolos. Celebramos nuestros cuerpos como instrumentos dados por Dios para la adoración. Pablo continúa diciendo:

> *«¡Salgan de en medio de ellos*
> *y apártense!*
> *No toquen nada impuro*
> *y yo los recibiré».*
> *Y:*
> *«Yo seré un Padre para ustedes*
> *y ustedes serán mis hijos y mis hijas,*
> *dice el Señor Todopoderoso».*
> *Como tenemos estas promesas, queridos hermanos, purifiquémonos de todo lo que contamina el cuerpo y el espíritu, para completar en el temor de Dios la obra de nuestra santificación.*
> (6:17-7:1, NVI)

Pablo está citando al profeta Isaías. Estamos separados en nuestra adoración y búsqueda, pero tocar un cerdo o un lagarto ya no nos hace impuros. Nuestro sumo sacerdote Jesús nos hizo justos delante de Dios desde dentro hacia afuera. La contaminación de la idolatría se aborda cuando abrazamos el temor de Dios.

En 1 Juan 5:21 se nos amonesta: *Queridos hijos, apártense de los ídolos* (NVI). Y en 1 Corintios 10:14 se nos dice: *Por tanto, mis queridos hermanos, huyan de la idolatría* (NVI).

Pero ¿cómo?

En su tiempo, los ídolos estaban en templos; en nuestro tiempo, ¡los ídolos pueden encontrarse en nuestras casas! Para reconocer la influencia de los ídolos o un área de idolatría en nuestra vida, definamos primero qué es un *ídolo*: "un objeto de devoción extrema; una representación o símbolo de un objeto de adoración; un dios falso;

una semejanza de algo; una concepción falsa; una falacia; una forma o apariencia visible pero sin sustancia".[1]

Los ídolos se basan en apariencias más que en realidades. Como tales, los ídolos resultarán falsos para aquellos que los adoran o confían en ellos. Los ídolos menosprecian la grandeza del Dios Altísimo. Aunque exigen que nos postremos, no logran levantarnos. La comparación, por ejemplo, es la compañera habitual del ídolo del yo.

La Biblia usa las palabras *ídolos, dioses* e *imágenes* de modo intercambiable. Los ídolos se crean cuando nos volvemos hacia lo que es menos y lo tratamos como si fuera más; como una fuente de identidad en lugar del Dios Altísimo. La idolatría es a menudo la práctica de participar con las cosas correctas de la manera equivocada. Por ejemplo, el matrimonio, los hijos, una carrera profesional, los amigos, un cónyuge, la comida, los deportes e incluso el ejercicio son cosas buenas, pero si le damos demasiada importancia a cualquiera de ellas, pueden convertirse potencialmente en un ídolo. En mi caso, si persigo el ministerio descuidando la salud de mi matrimonio o mi relación personal con mi Salvador, está ocupando el lugar equivocado en mi vida. Tanto Éxodo 20:4 como Deuteronomio 5:8 contienen la advertencia de Dios:

No te harás un ídolo de ningún tipo.

Nosotras somos las que empoderamos o creamos ídolos según colocamos nuestra confianza y afecto. Esto sucede cuando damos nuestra fuerza o sacamos nuestra fuerza o consuelo de fuentes apartadas de nuestro Creador. Eso podría significar que tenemos el enfoque equivocado y buscamos lo correcto en el lugar incorrecto, o nos hemos convertido nosotros mismos en la fuente. En línea con este razonamiento, las adicciones son una forma de idolatría. El entretenimiento puede convertirse en idolatría. O tal vez confiamos en una carrera profesional para establecernos en lugar de confiar en Aquel que nos empodera para crear riqueza para establecer su pacto.

Colosenses 3:5 nos dice que la codicia es idolatría. Codiciar es desear y querer algo más que Dios o su voluntad para nuestra vida. Pablo hizo referencia a la idolatría de los hijos de Israel como nuestro ejemplo.

> *No sean idólatras como lo fueron algunos de ellos, según está escrito: «Se sentó el pueblo a comer y a beber, y se levantó para entregarse al desenfreno». No cometamos inmoralidad sexual como algunos lo hicieron, por lo que en un solo día perecieron veintitrés mil...* ***Todo eso les sucedió para servir de ejemplo y quedó escrito para advertencia nuestra, pues a nosotros nos ha llegado el fin de los tiempos.***
>
> (1 Corintios 10:7-8, 11, NVI, énfasis añadido)

NOSOTRAS SOMOS LAS QUE EMPODERAMOS O CREAMOS ÍDOLOS SEGÚN COLOCAMOS NUESTRA CONFIANZA Y AFECTO.

Ellos habían creado un becerro de oro, y entonces copiaron las prácticas de adoración de Egipto. Su idolatría implicaba autoindulgencia sexual tan desenfrenada como se produce en la actualidad. El ídolo hueco de la autocomplacencia esclaviza a sus seguidores a apetitos que nunca pueden ser satisfechos. Al final, los deseos insaciables nos aíslan de lo que amamos y de quienes amamos.

EL ÍDOLO DEL YO

Nuestra imagen (el modo en que pensamos de nosotros mismos y la imagen que proyectamos a los demás) puede convertirse en un ídolo que nos promete felicidad y realización. Como escribió Fiódor Dostoyevski en *Los hermanos Karamázov*:

> El mundo dice: "Tienes necesidades, satisfácelas. Tienes tanto derecho como los ricos y poderosos. No dudes en satisfacer tus necesidades; de hecho, amplíalas y demanda más". Esta es la doctrina mundana de hoy. Y creen que eso es libertad.[2]

Este tipo de idolatría nos alienta a vivir para nosotros mismos, y entonces nos entrega un espejo que refleja todo lo que nos falta. La imagen en este espejo unidimensional solamente confirma lo que ya temíamos: que nunca seremos suficientes. Nunca lo suficientemente jóvenes, atractivas, delgadas, femeninas, influyentes, ricas, amadas o exitosas. Cualquier elogio que este ídolo podría ofrecer es temporal, y rápidamente arrebatado cuando aparece alguien que tiene o hace *más*.

EL ÍDOLO DE LA RELIGIÓN

La idolatría de la religión implica que debes esforzarte por ser lo suficientemente buena. La religión es un conjunto de reglas y fórmulas imposibles. Al principio, una lista de reglas podría parecer más sencilla que servir a un Dios viviente que desea una relación. La mentalidad religiosa está arraigada en el orgullo y en su prima: la falsa humildad. En cuarenta años de ministerio he visto a muchas personas que comenzaron humildemente y terminaron atrapadas en el pecado o en las obras. Para mí, el ídolo de la religión se manifiesta más claramente cuando una facción del cuerpo de Cristo o una denominación religiosa ataca a otra. La idolatría religiosa es cruel. Este ídolo construye plataformas derribando a otras personas y religiones mediante su asociación con el juicio.

La mayoría de las mujeres han experimentado esta distorsión de una forma u otra. Hay muchas variaciones de esto. Las mujeres son bienvenidas en la iglesia, pero no para hablar. Las mujeres pueden hablar en la iglesia, pero solo si están compartiendo. Pueden hablar, pero no de manera autoritaria. Pueden hablar, pero no liderar. Ya entiendes el punto. Hay muchas variaciones y opiniones, desde la complementaria extrema hasta la igualitaria progresista.

Lo que quiero abordar es el modo en que este mensaje mixto da a entender que la muerte de Jesús fue lo suficientemente poderosa para salvar y redimir completamente a los varones, pero que las mujeres necesitan hacer un esfuerzo adicional. Algunas denominaciones llegan a decir a sus mujeres que el hecho de tener hijos las salvará. Eso solo tiene sentido si creemos que la redención de las mujeres se logró solo parcialmente.

Si queremos tomar la Escritura literalmente, entonces las mujeres deberían dejar de hablar desde el momento en que entran al edificio hasta el momento en que salen.

Recientemente, mi equipo publicó un video mío hablando en un estadio lleno de mujeres. Varios hombres publicaron versículos de 1 Timoteo sobre el silencio de las mujeres en la iglesia. El hecho de que yo no estuviera en una iglesia parecía no importar. Un hombre explicó que, si se publicaban videos míos hablando en lugares donde un hombre pudiera verlos, se produciría un efecto corruptor en la iglesia. Además, afirmó que la predicación de las mujeres era la forma más elevada de maldad espiritual. Me gustaría poder decir que estoy inventando esto o que este tipo de retórica fue un incidente aislado, pero no es así. Lo que demuestra, una vez más, que el ídolo de la religión es irracional y nunca estará satisfecho.

El ídolo de la religión nos dice que nunca seremos lo suficientemente piadosas, amables, bíblicas u ocupadas. Y eso es cierto, porque si pudiéramos haber sido suficientes, Dios no habría enviado a su Hijo. Hacer que nosotros mismos seamos "suficientes" ha demostrado ser humanamente imposible. Solamente Jesús es nuestra salvación.

Un primo del ídolo de la religión es el ídolo del ministerio. Bajo la influencia de este ídolo, los pastores o ministros se convierten en el enfoque en lugar de Jesús, nuestro Salvador. Es conocido que líderes ministeriales han descuidado sus matrimonios, familias y tiempo personal con Dios en su afán por seguir el ministerio. Los pastores corren el riesgo de pensar que juegan con reglas diferentes a las de las personas a las que ministran; lo cual, en cierto sentido, es verdad, pues ellos actúan bajo directrices más estrictas.

En el Nuevo Testamento, Pablo habla de la idolatría como una obra de la carne:

> *Y manifiestas son las obras de la carne, que son: adulterio, fornicación, inmundicia, lascivia, idolatría, hechicerías, enemistades, pleitos, celos, iras, contiendas, disensiones, herejías, envidias, homicidios, borracheras, orgías, y cosas semejantes a estas; acerca de las cuales os amonesto, como ya os lo he dicho antes, que los que practican tales cosas no heredarán el reino de Dios.*
>
> (Gálatas 5:19-21, RVR-60)

Los ídolos y las obras de la carne están entrelazados. El v. 21 en la versión *Nueva Traducción Viviente* dice: "Cualquiera que lleve esa clase de vida". Algo que practicamos es algo que se ha convertido en un hábito. Los hábitos son prácticas que hacemos sin pensar.

Anteriormente en este libro hablé sobre mi trastorno alimenticio; no solo fue una brecha entre mi cuerpo y mi espíritu, sino que se convirtió en un ídolo que me controlaba. Cuando algo alcanza un nivel de dominio sobre nosotros que no debería tener, está involucrada la idolatría. Cuando confesé que mi peso y la comida eran ídolos, fui hecha libre. Desde entonces, he lidiado con otras formas de idolatría. Y Dios está más que dispuesto a abordar cualquier cosa que mantenga cautivos a sus hijos.

LA TRAMPA DEL TEMOR DEL HOMBRE

Más recientemente, he batallado con el que posiblemente es el ídolo más desalentador que he encontrado: las opiniones de los demás. El temor del hombre pesa mucho. Hay mucha presión para que cedamos a los dictados cambiantes de los demás: los que conocemos y los que no conocemos.

Este no es un combate nuevo ni una estratagema nueva del enemigo. Él ha querido que el pueblo de Dios se doblegue desde hace mucho tiempo atrás. Este ídolo pocas veces viene solo; cuando sentimos la presión de ceder ante la opinión, casi siempre está presente el ídolo del yo, instándonos a pensar en nuestra reputación, nuestra imagen, o el miedo a lo que podría pasar si no seguimos la corriente. Escapamos del temor del hombre abrazando el temor de Dios. No es suficiente tan solo con reconocer que hay verdades inmutables; nuestras vidas deberían concordar con la verdad.

Juan se dirigió a los creyentes de su época con esta exhortación:

> *Sabemos que somos hijos de Dios y que el mundo que nos rodea está controlado por el maligno. Y sabemos que el Hijo de Dios ha venido y nos ha dado entendimiento, para que podamos conocer al Dios verdadero. Y ahora vivimos en comunión con el Dios verdadero porque vivimos en comunión con su Hijo, Jesucristo. Él es el único Dios verdadero y él es la vida eterna.*
>
> (1 Juan 5:19-20)

Juan bosqueja claramente aquí a quienes están con el Dios verdadero y quienes están sin él. Aquellos en Cristo y aquellos bajo el dominio del maligno. Y quienes estamos en Cristo, somos llamados a una vida diferente.

LIBRES PARA ESCOGER

> *Está absolutamente claro que Dios te ha llamado a una vida libre. Solo asegúrate de no usar esta libertad como una excusa para hacer lo que quieras y destruir tu libertad. En cambio, usa tu libertad para servir a los demás con amor.*
>
> (Gálatas 5:13, MSG, traducción libre)

Jesús nos llama a vidas de libertad. Este regalo de la libertad aumenta a medida que alcanzamos a otros, y se encoge cuando vivimos solo para nosotros mismos. La autocomplacencia es un camino a la destrucción. La emancipación del yo se encuentra en la muerte al yo y la vida en Cristo; sin embargo, la libertad es frágil; debe ser cuidada. La libertad requiere nuestro pensamiento, nuestra voluntad y nuestra confianza en Aquel que nos la dio.

> Hay dos libertades: la falsa, donde un hombre es libre para hacer lo que le gusta; y la verdadera, donde un hombre es libre para hacer lo que debe. Charles Kingsley[3]

A la luz de esto, la libertad es la capacidad de hacer lo correcto y posiblemente lo más difícil (lo que uno debiera hacer), en lugar de elegir lo incorrecto y, a menudo, lo más fácil. Libertad no es lo mismo que rebeldía, y aun así eres libre de rebelarte, aunque no te gustará a dónde te llevará eso. Cristo nos libera para elegir lo que es correcto, lo que es verdadero y lo que es justo. Eres libre para vivir más allá de ti misma y ser consciente de los demás. También eres libre para ser consciente de ti misma sin estar ensimismada.

Cada día nos trae elecciones. Con quién hablamos, cómo hablamos con ellos, qué consumimos y cómo empleamos nuestro tiempo, talento y recursos son todas ellas decisiones. Algunas elecciones son momentáneas y otras son monumentales, alcanzando incluso a futuras generaciones.

> *Hoy pongo al cielo y a la tierra por testigos contra ti, de que te he dado a elegir entre la vida y la muerte, entre la bendición y la maldición. Elige, pues, la vida, para que vivan tú y tus descendientes. Ama al Señor tu Dios, obedécelo y aférrate a él, porque de él depende tu vida, y por él vivirás mucho tiempo.*
> (Deuteronomio 30:19-20, NVI)

Este pasaje resalta el increíble poder de la elección. Así como Dios puso estas decisiones ante los hijos de Israel, las pone ante nosotras. Cuando elegimos a Cristo, elegimos la vida.

> *Luego Jesús dijo a sus discípulos:*
> *—Si alguien quiere ser mi discípulo, que se niegue a sí mismo, tome su cruz y me siga.* (Mateo 16:24, NVI)

La cultura dice cree en ti mismo; Jesús dijo cree en mí.
La cultura dice llénate a ti mismo; Jesús dijo niégate a ti mismo.
La cultura dice identifícate a ti mismo; Jesús te llamó por tu nombre.
La cultura dice vive el momento; Jesús dijo esta vida es como niebla.
La cultura dice piensa obsesivamente en ti mismo; Jesús dijo piensa en los demás.
La cultura dice cuida solo de ti mismo; nuestro Señor dijo cuida de los demás.
La cultura dice culpa a otros; Jesús dijo perdona y cancela su deuda.
La cultura dice pon excusas; Jesús dijo toma la responsabilidad.

La cultura dice confórmate; nuestro Señor nos invita a ser transformados.

Cristo es formado en nosotras mediante nuestros actos voluntarios de obediencia.

¿Cuál de estos mandatos de la cultura podrías intercambiar hoy por el mandato de Jesús?

¿Qué es algo que puedes dejar de hacer?

¿Qué es algo por lo que puedes orar?

Capítulo 13

La lucha por las heroínas

La mejor manera de explicarlo es hacerlo.
—Lewis Carroll,
Alicia en el País de las Maravillas

¿Acaso no parece que hemos caído en el mundo al revés de Alicia? ¿Quién no ha sido llevado por algunos agujeros de conejo que requirieron comer pastel y beber pociones que nos hicieron demasiado grandes o demasiado pequeñas? Hemos llorado, hemos perdido llaves, hemos conversado con extraños confundidos, y hemos compartido té con algunos personajes inusuales. Nos hemos involucrado en juegos sin reglas y, cada vez que tropezamos con una nueva palabra o quebrantamos una norma desconocida, la reina de la cancelación amenaza con cortarnos la cabeza. Por confuso o aterrador que esto pueda parecer, por favor, reconoce esta colección de distracciones como pantallas de humo diseñadas para evitar que enfrentemos a nuestro verdadero enemigo.

El País de las Maravillas de Alicia tenía su propio dragón: el Galimatazo de la Reina. Según la narrativa de ese lugar, Alicia estaba destinada a derrotar a esta aterradora criatura con la legendaria espada Vorpal. En la película *Alicia en el País de las Maravillas* del año 2010, el dragón y Alicia intercambian palabras antes de que comience la batalla. El dragón desafía: "Así que, mi antiguo enemigo, nos encontramos nuevamente en el campo de batalla".

Confundida, Alicia responde: "Nunca nos hemos encontrado".

"No tú, portadora insignificante; mi antiguo enemigo, la espada Vorpal".[1]

Del mismo modo, nosotras somos insignificantes, pero lo que llevamos no lo es. El dragón al que nos enfrentamos nos odia, pero no nos teme. Teme a nuestro Rey y reconoce su marca sobre nuestra vida. Tiembla al sonido de su nombre. La espada que cargamos se declara, no se levanta. El dragón teme el peso, no el volumen, de nuestras palabras. Cuando declaramos la Palabra de Dios, esta se convierte en una invencible, invisible y eterna espada del Espíritu. Cuando alzamos nuestras voces en oración, el dragón escucha la voz atronadora de Aquel que es la Palabra.

> *Dios es fuerte, y quiere que tú también lo seas; por lo tanto, toma todo lo que el Maestro ha dispuesto para ti, armas bien hechas con los mejores materiales. Y úsalas para que puedas resistir todo lo que el diablo lance a tu camino.*
>
> (Efesios 6:10-11, MSG, traducción libre)

Hay una cita sobre los hombres que he escuchado mucho últimamente:

> Los tiempos difíciles crean hombres fuertes, los hombres fuertes crean tiempos buenos, los tiempos buenos crean hombres débiles, y los hombres débiles crean tiempos difíciles.
>
> G. Michael Hopf[2]

La pregunta que quiero plantear es: ¿qué podrían crear las mujeres fuertes?

Ser fuerte no es erróneo.

Si lo fuera, Dios no habría llegado tan lejos para proporcionarnos un arsenal tan extenso y efectivo. Y vamos a necesitarlo. Efesios 6:12 nos dice:

> *Esto no es una guerra de fin de semana que dejaremos atrás y olvidaremos en un par de horas. Es una lucha a muerte hasta el final contra el diablo y todos sus ángeles.*
>
> (MSG, traducción libre)

Es importante recordar que las palabras pronunciadas pero no obedecidas son inútiles. La Palabra de Dios se activa en nuestras vidas a través de la fe y la obediencia. Durante demasiado tiempo hemos escuchado mucho y hemos hecho poco. La espada del Espíritu cobra expresión y poder en nuestras vidas cuando somos hacedoras de la Palabra, no solo oidoras. Cuando sostenemos, creemos, vivimos y obedecemos la Palabra de Dios, toma pleno dominio en nuestras vidas, y el enemigo es mantenido a raya. Dios cuidará de su Palabra en nuestra boca y nos dará sus palabras para declarar.

En Cristo, las mujeres son empoderadas tanto individual como colectivamente.

Jesús es quien nos hace una fuerza para el bien. Estamos en un mundo hostil hacia las mujeres porque es hostil hacia la vida. Un mundo que da más valor a un empleado o empleador que a una madre. Un mundo donde se desprecia el matrimonio, y los hijos son considerados obstáculos para las carreras profesionales y una carga financiera. Un mundo donde hombres y mujeres deberían ser aliados en lugar de competidores o incluso enemigos. Un mundo al revés donde las mujeres escuchan el consejo de dragones y no protegen a sus hijos. Y, sin embargo, tenemos esta promesa en Juan 16:33 (NBLA):

> *Estas cosas les he hablado para que en Mí tengan paz. En el mundo tienen tribulación; pero confíen, Yo he vencido al mundo.*

En Cristo estamos en el mundo, pero no somos del mundo. Podemos atrevernos a confiar. Atrevernos a creer que lo que hacemos puede marcar una diferencia. Atrevernos a creer que las hijas del Altísimo se levantarán y lucharán por lo femenino. Estamos aquí para oponernos a la oscuridad creciente con la luz que llevamos. Incluso si perdemos nuestra vida, ganamos porque obtenemos la vida eterna. No podemos perder porque Él ya ganó. Sin embargo, el destino de derrota del dragón se cierne sobre él, y pretende hacer tanto daño como pueda en el tiempo que le queda. Apocalipsis 12:12 (NBLA) subraya nuestro momento:

> *¡Ay de la tierra y del mar!, porque el diablo ha descendido a ustedes con gran furor, sabiendo que tiene poco tiempo.*

El caído, quien llevó con él a un tercio de los ángeles, teme a Aquel que ganó la victoria de una vez por todas en la cruz. Con su muerte, Jesús "de esa manera, desarmó a los gobernantes y a las autoridades espirituales. Los avergonzó públicamente con su victoria sobre ellos en la cruz" (Colosenses 2:15).

Y mientras la oscuridad a nuestro alrededor aumenta, es fácil preguntarse: *¿Algo está mal? ¿Sigue armado el enemigo?* La respuesta es sí y no. Fue desarmado, pero no destruido; desplazado, pero no hecho cautivo. Fue expulsado del cielo y trasladado a la tierra. Su fin se acerca, pero aún no se ha producido. Primera de Corintios 15:24-26 nos dice:

> *Después de eso, vendrá el fin, cuando él le entregará el reino a Dios el Padre, luego de destruir a todo gobernante y poder y toda autoridad. Pues Cristo tiene que reinar hasta que humille a todos sus enemigos debajo de sus pies. Y el último enemigo que será destruido es la muerte.*

La sombra de la muerte todavía es una realidad. Aún no ha sido devorada en la victoria de Cristo. En Juan 5:24 (NVI) Jesús nos dio esta promesa:

> *Les aseguro que el que oye mi palabra y cree al que me envió tiene vida eterna y no será juzgado, sino que ha pasado de la muerte a la vida.*

Ya no necesitamos luchar contra el espectro de la muerte y esforzarnos por salvarnos a nosotras mismas. En Cristo, hemos pasado de la muerte a la vida y estamos empoderadas para dejar atrás el egoísmo y una mentalidad egocentrista. Podemos seguir el ejemplo de Jesús y comprender que no hay arma más poderosa que una vida entregada. Las palabras de Pablo son tan ciertas hoy como cuando amonestó a los creyentes del primer siglo para que vivieran como hijos de luz.

> *Con la autoridad del Señor digo lo siguiente: ya no vivan como los que no conocen a Dios, porque ellos están irremediablemente confundidos. Tienen la mente llena de oscuridad; vagan lejos de la vida que Dios ofrece, porque cerraron la mente y endurecieron el corazón hacia él. Han perdido la vergüenza. Viven para los placeres sensuales y practican con gusto toda clase de impureza.*
> (Efesios 4:17-19)

Oro para que los ojos de nuestro entendimiento sean iluminados, incluso mientras nuestras mentes son renovadas.

Hemos pasado de *incidentes* de impureza a la *práctica* de toda clase de impureza. Somos nosotras quienes elegimos a qué nos entregaremos. Nuestras decisiones se revelan en lo que practicamos, lo cual se refleja en aquello a lo que damos nuestra atención y afecto. La vergüenza no siempre es un enemigo; puede ser una señal de que has dicho o hecho algo vergonzoso. Es un signo de salud, que significa que tu corazón todavía es sensible. Queremos evitar el patrón poco sano de buscar excusas. La vida me ha enseñado que una vez que reconozco mis errores, ellos ya no me controlan. Todas hemos atravesado momentos difíciles, hemos pecado y hemos tomado decisiones terribles. En lugar de justificar esos fracasos, llevémoslos ante la cruz. Más adelante en el libro de Efesios, Pablo amonesta a los creyentes:

> *Que nadie los engañe con argumentaciones vanas, porque por esto viene el castigo de Dios sobre los que viven en la desobediencia. Así que no se hagan cómplices de ellos. Porque ustedes antes eran oscuridad y ahora son luz en el Señor. Vivan como hijos de luz.* (5:6-8, NVI)

Que cada una de nosotras camine en la luz de la obediencia. Somos redimidas del dominio del pecado para vivir bajo el dominio de Cristo. Así como no somos nada sin Él, tenemos acceso a todo lo que necesitamos para la vida y la piedad en Él. El enemigo ama capitalizar cualquier ignorancia que podamos tener sobre quiénes somos en Cristo. Él es quien...

> Tienta y después acusa, porque es el acusador.
> Seduce, luego avergüenza.
> Sexualiza para intentar robarnos nuestra virtud.
> Distorsiona la interpretación de la Escritura para silenciar nuestra voz.

El cuerpo de Cristo necesita luchar por lo femenino. La tierra necesita la voz de los hijos y las hijas. Jesús nos ha dado su autoridad, y el enemigo ha perdido la suya.

> *Jesús se acercó y dijo a sus discípulos: Se me ha dado toda autoridad en el cielo y en la tierra.* (Mateo 28:18)

Por su obediencia, Jesús ganó más de lo que Adán y Eva perdieron mediante su desobediencia. Ellos tenían dominio sobre la tierra; Jesús ganó dominio sobre cada ámbito. Y ¿cuál es el propósito de toda esta autoridad?

> *Por tanto, vayan y hagan discípulos de todas las naciones, bautizándolos en el nombre del Padre y del Hijo y del Espíritu Santo, enseñándoles a obedecer todo lo que les he mandado a ustedes. Y les aseguro que estaré con ustedes siempre, hasta el fin del mundo.* (Mateo 28:19-20, NVI)

Y, sin embargo, temo que hemos estado contentas simplemente con asistir a la iglesia.

Creo que estamos al final de una era. Cuando se te da autoridad, estás autorizada a usarla. Llegará un día en que estemos ante la Autoridad suprema y respondamos por lo que hicimos con lo que su vida compró. ¿Rescatamos a otros o nos enriquecimos a nosotras mismas? La promesa dada a sus discípulos entonces es cierta para sus discípulos ahora. Si alguien literalmente colocara una espada de luz en tu mano y te dijera que al levantarla tiene el poder de sanar, transformar, liberar, salvar, impartir sabiduría y empoderar a quienes la portaban, ¿la guardarías en un armario, o más bien honrarías la encomienda y levantarías la espada en alto para que todos la vieran? Nosotras sostenemos un arma de luz así. La Palabra es viva, y su resplandor eclipsa nuestras insuficiencias humanas. Al igual que con Alicia, el enemigo ve lo que llevamos, no quién o qué hemos sido.

LAS BATALLAS REVELAN HÉROES

> *¡Los justos de la tierra*
> *son mis verdaderos héroes!*
> *¡Ellos son mi deleite!* (Salmos 16:3)

Aprendemos haciendo. Los héroes nacen en las batallas. Las temporadas difíciles revelan dónde colocamos nuestra confianza y de dónde obtenemos nuestra fortaleza. Hay muchos que quieren ser héroes sin pelear una batalla. Los héroes se forjan una elección cada vez, una batalla cada vez. Y la piedad se crea en nosotras de la misma manera: una decisión que honra a Dios cada vez.

La historia está marcada por momentos en los que las líneas de batalla están trazadas claramente. Encontramos uno de estos momentos al inicio del libro de Éxodo. Dos mujeres piadosas llevan a cabo el primer acto registrado de desobediencia civil en la Escritura para rescatar a los bebés varones.

> *Después, el faraón, rey de Egipto, dio la siguiente orden a las parteras hebreas Sifra y Pua: «Cuando ayuden a las mujeres hebreas en el parto, presten mucha atención durante el alumbramiento. Si el bebé es niño, mátenlo; pero si es niña, déjenla vivir».* (Éxodo 1:15-16)

Este rey intentó una alianza de muerte con dos mujeres que eran diestras en la práctica de traer vida. Ordenó la muerte de los hijos hebreos y permitió que las hijas vivieran porque temía que los hebreos se volvieran demasiado numerosos y fuertes.

> *Sin embargo, las parteras temían a Dios, así que no siguieron las órdenes del rey de Egipto, sino que dejaron con vida a los varones.* (v. 17 NVI)

Quiero destacar que estas mujeres no tenían ninguna referencia bíblica para tomar su decisión; sin embargo, de alguna manera, equipararon honrar la vida con honrar a Dios y desobedecieron la orden del rey. Algunos estudiosos dicen que no está claro si estas mujeres eran egipcias o hebreas. Esto se planteó debido a que usaron *Elohim* en lugar de *Yahvé*, y a que sería poco probable que el faraón ordenara a mujeres hebreas matar a sus propios hijos.[3]

El tiempo pasó, y la desobediencia de las parteras se hizo evidente.

> *Entonces el rey de Egipto mandó llamar a las parteras:*
> *—¿Por qué hicieron esto? —les preguntó—. ¿Por qué dejaron con vida a los varones?* (v. 18)

Así fue como ellas respondieron de sus decisiones:

> *Las mujeres hebreas no son como las egipcias —contestaron ellas—, son más vigorosas y dan a luz con tanta rapidez que siempre llegamos tarde.* (v. 19)

Dudo que eso fuera completamente cierto. Puede que llegaran tarde a algunos nacimientos, pero seguramente no para todos los niños hebreos que nacieron.

> *Por eso Dios fue bueno con las parteras, y los israelitas siguieron multiplicándose, y se hicieron cada vez más poderosos. Además, como las parteras temían a Dios, él les concedió su propia familia.* (vv. 20-21)

Dios bendijo a las parteras con legados propios. No hay mayor tesoro en la vida que un legado de piedad. Cuando su plan con las parteras fracasó, el rey tomó una medida más audaz y ordenó a *todos* los egipcios que asesinaran a los hijos varones hebreos.

> *Entonces el faraón dio la siguiente orden* ***a todo su pueblo****: «Tiren al río Nilo a todo niño hebreo recién nacido; pero a las niñas pueden dejarlas con vida».* (v. 22, énfasis añadido)

Imagina el dolor y el horror que experimentaron estos padres. Me pregunto si los vecinos se denunciaban entre sí. Es difícil comprender el tipo de crueldad y de dureza de corazón involucradas en arrojar a los bebés al Nilo y observar desde la orilla mientras se ahogaban. Y, sin embargo, cada año en Estados Unidos mueren más bebés por aborto que los que se ahogaron en Egipto. Hay mujeres que quitan la vida a sus hijos en lugar de rescatarlos. Esto deja a nuestros hijos e hijas en riesgo. La cultura ha cambiado, y los cristianos son considerados cada vez más una amenaza. Tenemos la capacidad de tomar decisiones valientes. A medida que la cultura se vuelve progresivamente más impía, la piedad estará en conflicto con las directrices culturales del mundo.

La decisión de una madre abrió el camino para la liberación de una nación.

En medio del genocidio de los varones hebreos en Egipto, una madre desafió el decreto del rey y escondió a su hijo. Es mi oración que la marea cambie y veamos lo mismo hoy.

> *La mujer quedó embarazada y tuvo un hijo, y al verlo tan hermoso lo escondió durante tres meses.* (Éxodo 2:2, NVI)

Ella vio algo especial en su hijo. No había aparecido un ángel, ni un profeta había dicho: "Tengo un plan para este niño". Simplemente lo vio y actuó.

Su valiente decisión puso algo en movimiento. En un clima de caos y muerte, ella creyó que valía la pena el riesgo de desafiar a su cultura por su hijo. Lo protegió, lo cuidó, lo amamantó, y me imagino que lloró por él, sabiendo que solo era cuestión de tiempo antes de que tuviera que dejarlo ir. Durante tres meses, una familia hebrea vivió con un secreto y escondió a un hijo sin nombre. Noventa días no es mucho tiempo.

Cuando ya no pudo seguir ocultándolo, preparó una cesta de papiro, la embadurnó con brea y asfalto. Después puso en ella al niño y fue a dejar la cesta entre los juncos que había a la orilla del Nilo. (v. 3, NVI)

Ella fabricó un arca para su hijo y oró para que estuviera a salvo hasta que alguien lo rescatara del río donde otros hijos solo habían encontrado la muerte. De la misma manera, nuestras oraciones tejen un arca para nuestros hijos que los lleva cuando salen de nuestro cuidado. Ella escogió cuidadosamente el lugar entre los juncos y dejó a su hermana vigilando.

Pero la hermana del niño se quedó a cierta distancia para ver qué pasaría con él. En eso, la hija del faraón bajó a bañarse en el Nilo. Sus doncellas, mientras tanto, se paseaban por la orilla del río. De pronto, la hija del faraón vio la cesta entre los juncos y ordenó a una de sus esclavas que fuera por ella. (vv. 4-5, NVI)

Otra mujer lo vio y lo salvó. No creo que este encuentro fuera accidental. El lugar donde se bañaba la hija del faraón habría sido específico. Los egipcios creían que el río Nilo era una puerta sagrada a la vida y también a la muerte; por lo tanto, lo que el río les llevaba era considerado un regalo de sus dioses.

Cuando la hija del faraón abrió la cesta y vio allí dentro un niño que lloraba, le tuvo compasión y exclamó: —¡Es un niño hebreo! (v. 6, NVI)

El corazón de una princesa influyente fue movido a compasión por el llanto de un hermoso niño hebreo. Ella rescató al niño, le puso nombre, y más adelante lo adoptó como propio. La hija del faraón "lo adoptó como su propio hijo y lo llamó Moisés, pues explicó: «Lo saqué del agua» (v. 10).

Miriam intervino y eliminó cualquier barrera para el rescate de Moisés.

> *La hermana del niño preguntó entonces a la hija del faraón:*
> *—¿Quiere usted que vaya y llame a una nodriza hebrea, para que críe al niño por usted? —Ve a llamarla —contestó.*
> *La muchacha fue y trajo a la madre del niño, y la hija del faraón le dijo:*
> *—Llévate a este niño y críamelo. Yo te pagaré por hacerlo. Fue así como la madre del niño se lo llevó y lo crio.* (vv. 7-9, NVI)

Imagina su gozo. La familia fue reunida de nuevo, y ahora no había motivo para temer por la vida de Moisés. Estaba protegido por la familia real, y su mamá fue empleada por la hija del faraón.

Los dos primeros capítulos de Éxodo están llenos de heroínas. *Éxodo* se refiere a la liberación del pueblo hebreo de Egipto y su modo de vida. ¿Está Dios posicionando nuevamente a las mujeres para salvar, esconder, proteger, nutrir y proveer para la próxima generación de héroes? ¿Estamos siendo preparadas para otro éxodo (una partida espiritual masiva de ídolos e ideologías falsos) para regresar a la verdadera adoración? En ese caso, ¿qué papel podríamos desempeñar? Para responder, veamos de nuevo lo que hicieron aquellas mujeres a la luz de la cita que inició este capítulo: "La mejor manera de explicarlo es hacerlo".

Dios unge a mujeres hábiles.

Las dos parteras eligieron practicar la piedad dentro de su profesión. No tuvieron que abandonar sus habilidades para salvar vidas. Creo que las acciones de estas mujeres tuvieron un efecto catalizador que inició la liberación de la nación hebrea. Es posible que Aarón, el hermano mayor de Moisés, naciera gracias a sus decisiones. Su valentía podría haber inspirado a la mamá de Moisés. No hay modo de saberlo con certeza. El valor engendra valor, al igual que la cobardía engendra cobardía. Han pasado miles de años, pero sigo inspirada por su valentía.

Ellas son parte de nuestra historia, así como nosotros somos parte de la suya. Mi hermana, si eres doctora, honra tu juramento de no hacer daño. Si eres maestra, educa a los niños que te han sido confiados. Si tienes algún tipo de autoridad civil, usa tu posición para proteger y rescatar. Si formas parte del sistema judicial, lucha por la justicia y la verdad. Si eres madre, protege e instruye a tus hijos en la piedad.

Dios unge a mujeres que ven.

La madre de Moisés, Jocabed, vio algo especial en su hijo. Se requiere mujeres que vean lo extraordinario dentro de lo ordinario. Necesitamos mujeres que vean lo que otros pasan por alto. Mujeres que perciban lo divino en sus hijos, hermanas, hermanos, esposos y amigos. Mujeres que discipulen a otros en el temor del Señor y el amor de Dios. Mujeres con corazones de madre que vean algo bueno y piadoso en las generaciones que las siguen. Mujeres que nutran a otros con la leche de la Palabra de Dios y los lancen a su próxima temporada una vez destetados.

¿Hay alguien que veas que necesita protección, cuidado o preparación en esta lucha por lo femenino?

Dios unge a mujeres que establecen conexiones.

NECESITAMOS MUJERES QUE VEAN LO QUE OTROS PASAN POR ALTO.

Miriam fue ungida proféticamente para establecer conexiones oportunas y útiles. Ella observó y esperó hasta que la princesa encontró a Moisés. Conectó a la princesa con alguien que pudiera alimentar a Moisés. Conectó a un hijo en riesgo con una protectora de la realeza. Miriam creció y fue profetisa, lideró a las hijas de Israel en danza y se unió a Moisés en el primer canto registrado de adoración (Éxodo 15). Necesitamos mujeres que establezcan conexiones divinas para provisión y protección. Mujeres proféticas que harán guerra mediante la adoración y la obediencia. La danza que está tejida divinamente en la adoración es un arma.

¿Qué conexiones de provisión puedes establecer? ¿Hay una canción que necesites escribir, cantar o bailar sobre tu situación?

Dios unge a mujeres con influencia.

La hija del faraón usó su influencia para rescatar una vida que su padre de la realeza había condenado. Fue una defensora que usó su posición para levantar a los indefensos. Cualquier medida de influencia que se nos haya dado es para la gloria de Dios. Su empatía fue una parte integral de la liberación de Israel. Su generosidad proporcionó a Moisés una educación y un hogar.

> *Aquellos de nosotros que somos fuertes y capaces en la fe tenemos que dar un paso y extender la mano a los que se tambalean, y no hacer solo lo que nos resulta más conveniente.* ***La fuerza es para servir, no para el estatus.***
>
> (Romanos 15:1, MSG, traducción libre, énfasis añadido).

Este mundo necesita mujeres fuertes y capaces en la fe, no mujeres débiles y sumidas en sus miedos. Las mujeres enojadas golpean, pero las mujeres fieles extienden la mano.

El servicio requiere mucha más fuerza que el estatus. Por supuesto, el servicio no es visto ni celebrado por las personas de la misma manera que el estatus, al menos no ahora; sin embargo, será recompensado por tu Padre celestial. Él fielmente recompensa aquello que otros pasan por alto. Si ayudas en secreto a alguien que está luchando, eso tendrá una mayor recompensa que publicar tu buena acción en las redes sociales.

Las personas a nuestro alrededor están tambaleándose, y cuando alguien tambalea por un tiempo, no pasa mucho antes de que caiga. El peso del desánimo y el estrés de la ansiedad están en su punto más alto. Cuando alguien cae, es evidente que necesita ayuda, pero ese tambaleo es fácil de pasar por alto si no estamos atentos. Este mundo siempre buscará el estatus por encima del servicio. Precisamente por eso, nosotras no podemos retroceder. Necesitamos mujeres de fe inquebrantable y capaz.

Seamos mujeres dispuestas a dar un paso adelante y dispuestas a *hacer lo que hay que hacer,* incluso cuando no seamos vistas ni se nos pida hacerlo. Mujeres que vean las necesidades de quienes se tambalean y extiendan una mano de ayuda. Nos necesitamos unas a otras ahora más que nunca. Las hijas y los hijos necesitan que sus madres sean madres. Los esposos necesitan que sus esposas sean amorosas, sabias y capaces. Las hermanas necesitan amistades femeninas fuertes.

NECESITAMOS MUJERES DE FE INQUEBRANTABLE Y CAPAZ.

En el sueño que compartí en el capítulo 1, las mujeres llevaban y acunaban a los pequeños dragones. No puedo evitar pensar que esos dragones podrían representar las fuerzas espirituales que están detrás de las ideologías que distorsionan lo masculino y lo femenino. En la habitación a la que entré no había hombres, solo mujeres. Si lo hubieran sabido, habrían roto el cuello de los dragones ellas mismas y habrían tomado espadas para ayudar a sus hermanas a hacer lo mismo.

Si el enemigo se hubiera presentado en su forma más verdadera, las mujeres habrían desechado lo que acunaban. Ojalá hubieran entendido que su bondad y cuidado no serían correspondidos, sino burlados de la manera más cruel. Ojalá hubieran discernido que la pasión de los dragones no era solo amor ni el deseo de protegerlas, sino el odio paciente de un enemigo antiguo dispuesto a esperar el momento oportuno para matar a sus hijos y devastarlas con un dolor insoportable. Entonces, ¿cómo ganamos?

LUCHAMOS FLORECIENDO

> *"Y amarás al Señor tu Dios con todo tu corazón, y con toda tu alma, y con toda tu mente, y con toda tu fuerza". El segundo es este: "Amarás a tu prójimo como a ti mismo". No hay otro mandamiento mayor que estos.* (Marcos 12:30-31, NBLA)

Cuando nos encontramos participando en una guerra con un dragón, es un error usar fuego para luchar contra el fuego. Él es el acusador original. Las acusaciones solo engendran más acusaciones, las cuales, a su vez, conceden al dragón una provisión interminable de llamas. Necesitaremos un elemento eterno más poderoso. Debemos profundizar más y luchar mientras florecemos. En Isaías 27 vemos dos eventos paralelos: una revelación del juicio de Dios y la aparición del jardín de Dios. Isaías 27:1 abre con una ventana profética de la guerra entre Dios y el dragón. Captura tanto la redención de la vid verdadera como de la vid salvaje:

> *En aquel día*
> *el Señor castigará a Leviatán, la serpiente escurridiza,*
> *a Leviatán, la serpiente tortuosa.*
> *Con su espada violenta, grande y poderosa,*
> *matará al monstruo marino.* (Isaías 27:1, NVI)

Incluso cuando este dragón encuentra su muerte, el viñedo cobra vida. Vemos este glorioso contraste en Isaías 27:2-3:

Canten en aquel día a la viña escogida:
Yo, el Señor, soy su guardián;
todo el tiempo riego mi viña.
Día y noche cuido de ella
para que nadie le haga daño. (Isaías 27:2-3, NVI)

Aquí es donde nos encontramos en la historia de la lucha por lo femenino. Luchamos dando fruto desde nuestra conexión con Jesús: nuestra Vid. Juan 15 nos dice que Jesús es nuestra Vid y nosotros, judíos y gentiles, somos sus ramas. Isaías 27:4-5 continúa:

No estoy enojado.
Si me enfrentan zarzas y espinos,
pelearía contra ellos
y los quemaría totalmente,
a menos que ella acudiera a mi refugio
e hiciera las paces conmigo,
sí, que hiciera las paces conmigo. (Isaías 27:4-5, NVI)

¿No es hermoso?

Al aferrarnos a Él, descubrimos una vida buena y plena.

Florecemos cada vez que elegimos amar.

El amor es más que un sentimiento. El amor es una acción.

El amor es un mandamiento que es siempre una decisión.

No siempre puedo elegir cómo me siento, pero sí puedo elegir cómo respondo. Hay momentos en los que la vida exige actos de amor cuando no experimentamos emociones o sentimientos de amor. Una madre agotada se levantará en medio de la noche para consolar a un hijo asustado o enfermo porque está comprometida a amarlo. El amor es un compromiso. El amor es nuestra garantía, porque el amor no puede fallar. El amor nunca miente, porque se goza con la verdad.

El amor requiere valentía, mientras que el odio solo requiere cobardía. El dragón odia el amor.

A cada una de nosotras se nos ha confiado algo para poder amar a otros. Si todavía te preguntas qué es, tal vez sea aquello en lo que ahora tienes fuerza pero no has sabido cómo usar para servir a los demás. Detente, reflexiona, y pide al Espíritu Santo que te muestre cuál es tu don. Podría ser una habilidad, un don de percepción, una estrategia, la capacidad de proveer recursos, educar, sobresalir en los negocios, o algo tan generoso como ofrecer un hogar a alguien. El dragón teme a las mujeres que han aprendido que no se usa el fuego cuando se quiere luchar contra el fuego; el amor es el arma para luchar contra el fuego.

Que esto se diga de nosotras. Que nuestras vidas cuenten la historia eterna de misericordia, en la cual varones y mujeres encuentran su sanidad en Él. Vivamos como Pablo nos exhorta en Filipenses:

> *Lleven una vida limpia e inocente como corresponde a hijos de Dios y brillen como luces radiantes en un mundo lleno de gente perversa y corrupta.* (Filipenses 2:15)

Demos testimonio de Aquel que nos mostró la bondad, que abrió nuestros oídos para oír la verdad y cuya misericordia nos empoderó para alejarnos del pecado, la vergüenza y la culpa. En lugar de repetir nuestras narrativas de rechazo, hablemos de nuestra adopción definitiva por parte de Dios, disponible para todos.

Seamos lo suficientemente valientes para creer que verdaderamente somos hijas de un reino divino, embajadoras ungidas por su Padre para declarar esperanza y sanidad.

En lugar de resaltar al amigo que no estuvo ahí para nosotras, seamos la amiga que está para los demás. De esta manera, honramos a Aquel que prometió no dejarnos nunca. Aprendamos nuevamente los caminos de nuestro Príncipe de Paz, quien fue muerto injustamente por nuestros pecados. En las guerras terrenales mueren personas, pero nosotras luchamos por un reino de amor donde los muertos son resucitados a una nueva vida.

EN LUGAR DE REPETIR NUESTRAS NARRATIVAS DE RECHAZO, HABLEMOS DE NUESTRA ADOPCIÓN DEFINITIVA POR PARTE DE DIOS

Mujeres, profeticemos su reino mientras vivimos vidas de fe, esperanza y amor. Recordemos la encomienda divina de lo femenino, para que nuestro Padre, el Dios Altísimo, sea glorificado en nuestra forma femenina.

RECONOCIMIENTOS

La lucha por lo femenino ha sido el libro más difícil que he escrito nunca. Por lo tanto, sería negligente si no reconociera a mi editora Andrea, cuya paciente sabiduría me ha guiado a lo largo del doloroso proceso.

Quiero agradecer a mi familia y mi equipo, que sacrificaron gran parte de su tiempo a mi lado mientras yo avanzaba fatigosamente en este proceso. Los amo a todos ustedes más de lo que las palabras pueden expresar.

NOTAS

CAPÍTULO 1: SUEÑOS, DRAGONES E HIJAS

1. Neil Gaiman, *Coraline* (Nueva York: HarperCollins, 2002), epígrafe. Según Gaiman, esta es su paráfrasis de una cita más larga del libro de G. K. Chesterton *Tremendous Trifles*. Ver https://neil-gaiman.tumblr.com/post/4290 9304300/my-moms-a-librarian-and-planning-to-put-literary.

2. Joseph Pearce, "Rescuing Our Maidens from the Culture of Death", The Imaginative Conservative, 24 de abril de 2023 (orig. pub. Feb. 2016), https://theimaginativeconservative.org/2023/04/rescuing-maidens-culture-death-joseph-pearce.html.

3. Sara Jahnke, Nicholas Blagden, y Laura Hill, "Pedophile, Child Lover, or Minor-Attracted Person? Attitudes toward Labels among People Who Are Sexually Attracted to Children", *Archives of Sexual Behavior* 51, no. 8 (2022): 4125-4139, https://doi.org/10.1007/s10508-022-02331-6.

CAPÍTULO 3: LA LUCHA POR TU ESPACIO SAGRADO

1. Dr. Andrew Newberg y Mark Robert Waldman, *Words Can Change Your Brain* (Nueva York: Avery, 2013), p. 3.

2. Abigail Shrier, *Irreversible Damage: The Transgender Craze Seducing Our Daughters* (Washington, DC: Regnery, 2020), p. 212.

3. N. T. Wright, *Paul for Everyone: Romans, Part 2: Chapters 9–16* (London: Society for Promoting Christian Knowledge, 2004), p. 70.

4. C. S. Lewis, *A Preface to Paradise Lost* (Nueva York: HarperOne, 2022), p. 120.

5. Nancy R. Pearcey, *Love Thy Body: Answering Hard Questions about Life and Sexuality* (Grand Rapids: Baker Books, 2018), p. 223.

CAPÍTULO 4: LA LUCHA EN EL ÁMBITO DEL ESPÍRITU

1. N. T. Wright, *Paul for Everyone: The Prison Letters: Ephesians, Philippians, Colossians, and Philemon* (Londres: Society for Promoting Christian Knowledge, 2004), p. 72.

CAPÍTULO 5: LA LUCHA POR LAS GENERACIONES

1. "'Dramatic' Decline in Worldwide Total Fertility Rates Predicted", Focus on Reproduction, 23 de julio de 2020, https://www.focusonreproduction.eu/article / News-in-Reproduction-Population.

2. Prarthana Prakash, "Millennials and Gen Z Won't Have Enough Kids to Sustain America's Population—and It's Up to Immigrants to Make Up the Baby Shortfall", *Fortune*, 25 de enero de 2023, https://fortune.com/2023 /01/25/us-population-growth-immigration-millennials-gen-z-deficit-births -marriage/.

3. "Mother Teresa Takes Pro-Life Message to the Supreme Court", EWTN Global Catholic Network, consultado en línea 21 de diciembre de 2023, https:// www.ewtn .com/catholicism/library/mother-teresa-takes-prolife-message-to-the-supreme-court-2701. Este artículo está tomado del ejemplar del 24 de febrero de 1994, de *The Arlington Catholic Herald*.

4. "Global and Regional Estimates of Unintended Pregnancy and Abortion", Guttmacher Institute, marzo 2022, https://www.guttmacher.org/fact -sheet/ induced-abortion-worldwide. Esta estadística también está disponible en la Organización Mundial de la Salud, https://www.who.int/news-room/fact-sheets / detail/abortion.

5. Mona Lilja, Mikael Baaz, y Filip Strandberg Hassellind, "(Re)sketching the Theorizing around 'Missing Women': Imageries of the Future, Resistance, and Materializing Aspects of Gender", *International Feminist Journal of Politics* 25, no. 2 (2023): pp. 266-87, https://doi.org/10.1080/14616742.2021.1981769.

6. Richard Fry, "A Record-High Share of 40-Year-Olds in the U.S. Have Never Been Married", Pew Research Center, 28 de junio de 2023, https://www.pew research.org/short-reads/2023/06/28/a-record-high-share-of-40-year-olds-in-the-us-have-never-been-married/.

7. "Sexual Revolution: Definition, Liberation & Consequences", Study.com, actualizado 21 de noviembre de 2023, https://study.com/learn/lesson/sexual-liberation-movement-origin-timeline-impact-revolution.html#:~:text=The%20 sexual %20revolution%20was%20brought,Riots%2C%20and%20the%20Wood stock%20festival.

8. G. P. Joffe et al., "Multiple Partners and Partner Choice as Risk Factors for Sexually Transmitted Disease among Female College Students", *Sexually Transmitted Diseases* 19, no. 5 (1992): pp. 272-8, https://doi:10.1097/00007435-1 99209000-00006.

9. "Global HIV & AIDS Statistics—Fact Sheet", UNAIDS, actualizado 2023, https://www.unaids.org/en/resources/fact-sheet.

10. Luke Gilkerson, "Get the Latest Pornography Statistics", Covenant Eyes, actualizado 8 de septiembre de 2021, https://www.covenanteyes.com/2013/02 /19/pornography-statistics/; "Internet Pornography by the Numbers; A Significant Threat to Society", Webroot, consultado en línea 1 de diciembre de 2023, https:// www.webroot.com/us/en/resources/tips-articles/internet-pornography-by-the-numbers.

11. Jahnke, Blagden, y Hill, "Pedophile, Child Lover, or Minor-Attracted Person?".

12. Anjali Thakur, ed., "US Professor Stirs Controversy for Encouraging People to Read about Sex with Animals", NDTV World, actualizado 13 de noviembre de 2023, https://www.ndtv.com/world-news/us-professor-stirs-controversy-for-encouraging-people-to-read-about-sex-with-animals-4570842.

13. Chrissy Sexton, "Lab-Grown Babies Could Become a Reality within Five Years", Earth.com, 25 de mayo de 2023, https://www.earth.com/news/lab-grown-babies-revolutionary-science-or-ethical-disaster/.

14. Aldous Huxley, *Brave New World* (London, 1932; Project Gutenberg Canada, 2016), cap. 3, https://gutenberg.ca/ebooks/huxleya-bravenewworld /huxleya-bravenewworld-00-h.html.

CAPÍTULO 6: LA LUCHA POR LO PERDIDO Y HALLADO

1. Rav Chaim Navon, "The Woman in Creation", trad. David Strauss, Israel Koschitzky Torat Har Etzion, 2 de julio de 2016, https://www.etzion.org.il/en/philosophy/issues-jewish-thought/topical-issues-thought/woman-creation.

CAPÍTULO 7: LA LUCHA POR EL ALINEAMIENTO DIVINO

1. Mallory Millett, "Marxist Feminism's Ruined Lives", *FrontPage Magazine*, 1 de septiembre de 2014, https://www.frontpagemag.com/marxist-feminisms-ruined-lives-mallory-millett/.

2. Wikipedia, s.v. "Kate Millett", modificado por última vez 8 de febrero de 2024, https://en .wikipedia.org/wiki/Kate_Millett#:~:text=Millett%20came%20 out%20as%2 0a,was%20married%20to%20Sophie%20Keir.

3. Robin Morgan, *Sisterhood Is Powerful: An Anthology of Writings from the Women's Liberation Movement* (Nueva York: Vintage Books, 1970), p. 602.

4. Carolyn Susman, "Steinem Reminisces about Late Husband, Envisions Her Future", *The Ledger*, 27 de marzo de 2004, https://www.theledger.com/story /news/2004/03/27/steinem-reminisces-about-late-husband-envisions-her-future/26106870007/#:~:text=Steinem%2C%20the%20activist%20who%2 0had,animal%20rights%20activist%20David%20Bale.

5. Ver Jason Pierce, "Betty Friedan and the Women's Movement", Bill of Rights Institute, consultado en línea 28 de marzo de 2024, https://billofrightsinstitute.org/essays/betty-friedan-and-the-womens-movement.

6. *Merriam-Webster*, s.v. "patriarch (n.)", consultado en línea 22 de enero de 2024, https:// www.merriam-webster.com/dictionary/patriarch.

7. "So Babygirl! It's the New Gen Z Term of Endearment–But What Does It Mean?", The Guardian, 24 de enero de 2024, https://www.theguardian.com/lifeandstyle/2024/jan/24/so-babygirl-its-the-new-gen-z-term-of-endearment -but-what-does-it-mean#:~:text=There%20is%20a%20conventional%20us age,the%20 South%20Korean%20superstar%20Jimin.

8. Idil Karsit, "Why Are People Not Getting Married Anymore?", CNBC.com, 19 de julio de 2023, https://www.cnbc.com/video/2023/07/19/why-are-people -not-getting-married-anymore.html#:~:text=In%20the%20U.S.%2C%20 marriage%20 has,at%20the%20University%20of%20Virginia.

9. *Merriam-Webster*, s.v. "abhor (v.)", consultado en línea 11 de marzo de 2024, https://www .merriam-webster.com/dictionary/abhor.

CAPÍTULO 8: LA LUCHA POR LA VERDAD

1. Thomas Sowell, "On Many Political Lessons That Need to Be Learned", *National Review*, 1 de noviembre de 2016, https://www.nationalreview. com/2016/11 /thomas-sowell-thoughts-about-political-cultural-scene-2016/.

2. Katie Mettler, "Hillary Clinton Just Said It, but 'The Future Is Female' Began as a 1970s Lesbian Separatist Slogan", *The Washington Post*, 8 de febrero de 2017, https://www.washingtonpost.com/news/morning-mix/wp/2017/02/08 /hillary-clinton-just-said-it-but-the-future-is-female-began-as-a-1970s-lesbian-separatist-slogan/.

3. "Disparities in Suicide", Centers for Disease Control and Prevention, consultado en línea 21 de diciembre de 2023, https://www.cdc.gov/suicide/facts/ disparities-in-suicide.html.

4. Rachel Roubein, "Suicides Are Spiking among Young Men", *Washington Post*, 30 de septiembre de 2022, https://www.washingtonpost.com/politics/2022/09 /30/suicides-are-spiking-among-young-men/.

5. Carrie Gress, *The End of Woman: How Smashing the Patriarchy Has Destroyed Us* (Washington, DC: Regnery Publishing, 2023), xxiv.

6. Gress, *End of Woman*, xxiv.

7. Selwyn Duke, "Stopping Truth at the Border"m *RenewAmerica*, 6 de mayo de 2009, http://www.renewamerica.com/columns/duke/090506.

8. Francesca Menato, "Is Lying Making Your Muscles Weaker?", 24 de julio de 2018, *Women's Health*, https://www.womenshealthmag.com/uk/health/mental-health/a704381/is-lying-making-your-muscles-weaker/.

9. Thomas Paine, *Common Sense*, ed. Richard Beeman (Nueva York: Penguin Books, 2012), p. 3.

CAPÍTULO 9: LA LUCHA POR ENCONTRAR TU VOZ

1. Egard Watches, "Erased: A Message to Woke Corporate America (Nike and Budweiser)", YouTube, 14 de abril de 2023, ad, 1:19, https://www.youtube.com / watch?v=H5XrTxzr2Wg.

2. Ian Janssen, Steven B. Heymsfield, ZiMian Wang, y Robert Ross et al., "Skeletal Muscle Mass and Distribution in 468 Men and Women Aged 18-88 Yr.", *Journal of Applied Physiology* 89, no. 1 (2000): 81–88, https://doi.org/10 .1152/jappl.2000.89.1.81.

3. Bryndís Blackadder, "Trans-Identified Male Student Wins 'Fastest Sophomore Girl' Title at Maine Race Meet", Reduxx, 23 de octubre de 2023, https://reduxx.info/trans-identified-male-student-wins-fastest-sophomore-girl-title-at-maine-race-meet/; Steve Craig, "Transgender Girl Makes History with Victory at Cross Country Regional", *Portland Press Herald,* actualizado 21 de octubre de 2023, https://www.pressherald.com/2023/10/21/transgender-girl-makes-history-with-victory-at-cross-country-regional/.

4. Melissa Koenig, "School Stands by Trans Basketball Player Accused of Hurting Opposing Girls, Blasts 'Harmful' Criticism", *New York Post,* 28 de febrero de 2024, https://nypost.com/2024/02/28/sports/school-stands-by-trans-bas ketball-player-accused-of-hurting-opposing-girls-blasts-harmful-criticism/.

5. Cornelius Tacitus, *The Annals,* libro 15, cap. 44, ed. Alfred John Church y William Jackson Brodribb, Perseus Digital Library, consultado en línea 7 de noviembre de 2023, https://www.perseus.tufts.edu/hopper/text?doc=Perseus%3Atext%3A1999.02.0078%3Abook%3D15%3Achapter%3D44.

6. *The Satires of Juvenal, Persius, Sulpicia, and Lucilius,* trad. Lewis Evans y William Gifford, Project Gutenberg, consultado en línea 7 de noviembre de 2023, https://www.gutenberg.org/files/50657/50657-h/50657-h.htm#Page_1.

7. Elie Wiesel, prefacio a *The Courage to Care: Rescuers of Jews during the Holocaust,* ed. Carol Rittner y Sondra Myers (Nueva York: Nueva York University Press, 1986), x.

8. Stanisław Jerzy Lec, *More Unkempt Thoughts,* trans. Jack Galazka (New York: Funk & Wagnalls, 1968), p. 9.

CAPÍTULO 10: LA LUCHA POR EL SENTIDO COMÚN Y UN LENGUAJE COMÚN

1. *Merriam-Webster,* s.v. "common sense (n.)", consultado en línea 22 de enero de 2024, https://www.merriam-webster.com/dictionary/common%20sense.

2. *Voltaire's Philosophical Dictionary* (Nueva York: Carlton House, 1950; Project Gutenberg, 2006), 78, https://www.gutenberg.org/files/18569/18569-h/18569-h.htm.

3. Phyllis Schlafly, "Setback for the Transgender Agenda", Eagle Forum, 31 de agosto de 2016, https://eagleforum.org/publications/column/setback-for-the-transgender-agenda.html.

4. Megyn Kelly, "14-Year-Old Irish Girl Speaks Out on Biological Reality and Trans Indoctrination to Megyn Kelly", video de YouTube, subido 28 de abril de 2023, https://www.youtube.com/watch?v=KRvAcEm2v3c.

5. J. K. Rowling (@jk_rowling), post en Twitter, 6 de junio de 2020, 6:02 p.m., https://twitter.com/jk_rowling/status/1269389298664701952?lang=en.

6. Nelson Mandela, "Address at Worcester Station", discurso, Worcester, South Africa, 27 de septiembre de 1997, The Nelson Mandela Foundation Archive, https://atom.nelsonmandela.org/index.php/za-com-mr-s-511.

7. The Daily Wire (@realDailyWire), "Pro-Choice Activist Tries to Convince @michaeljknowles to Say 'Pregnant People' Instead of 'Mothers'", video en X (antes Twitter), 7 de diciembre de 2022, https://twitter.com/realDailyWi re/status/1600594242040201217?lang=en.

8. "Pronouns and Inclusive Language", LGBTQIA Resource Center, consultado en línea 12 de marzo de 2024, https://lgbtqia.ucdavis.edu/educated/pronouns-inclusive-language.

9. Wikipedia, s.v. "doublespeak", modificado por última vez 15 de octubre de 2023, https://en .wikipedia.org/wiki/Doublespeak.

10. George Orwell, *1984* (Nueva York: Harcourt, 1949), p. 5.

11. Esta cita se atribuye a menudo a Saul Alinsky en *Rules for Radicals*, pero no aparece ahí. Parece ser una frase que se repite de la de George Orwell: "quien controla el pasado... controla el futuro; quien controla el presente controla el pasado" (*1984*, p. 37).

12. *Merriam-Webster*, s.v. "language (n.)", consultado en línea 22 de enero de 2024, https:// www.merriam-webster.com/dictionary/language, énfasis añadido.

13. Jordan B. Peterson, *12 Rules for Life* (Toronto: Random House, 2018), p. 250.

14. George Orwell, "Politics and the English Language", The Orwell Foundation, consultado en línea 21 de diciembre de 2023, https://www.orwellfoundation.com/the-orwell-foundation/orwell/essays-and-other-works/politics-and-the-english-language/.

15. *Merriam-Webster*, s.v. "pervert (v.)", consultado en línea 22 de enero de 2024, https:// www.merriam-webster.com/dictionary/pervert.

16. *Merriam-Webster*, s.v. "nonsense (n.)", consultado en línea 22 de enero de 2024, https:// www.merriam-webster.com/dictionary/nonsense.

CAPÍTULO 11: LA LUCHA CULTURAL POR LO FEMENINO

1. Andrew Milne, "How a Teenage Boy Named Sporus Became Empress of Rome under Nero's Rule", All That's Interesting, 25 de agosto de 2020, https://allthatsinteresting.com/sporus.

2. Brianna January, "Joe Rogan and Guest Discuss Whether Trans People Are a Sign of 'the End of America'", Media Matters for America, 18 de septiembre de 2020, https://www.mediamatters.org/joe-rogan-experience/joe-rogan-and-guest-discuss-whether-trans-people-are-sign-end-america.

3. George Santayana, *The Life of Reason: The Phases of Human Progress*, Project Gutenberg, última actualización 10 de marzo de 2021, https://www.gutenberg.org /files/15000/15000-h/15000-h.htm.

4. *Merriam-Webster*, s.v. "cis- (prefix)", consultado en línea 22 de enero de 2024, https:// www.merriam-webster.com/dictionary/cis-.

5. *Merriam-Webster*, s.v. "trans- (prefix)", consultado en línea 22 de enero de 2024, https:// www.merriam-webster.com/dictionary/trans-.

6. American Psychiatric Association, *Diagnostic and Statistical Manual of Mental Disorders*, 5ª ed., text revision (Washington, DC: American Psychiatric Association, 2022), pp. 511–20.

7. American Psychiatric Association, *Diagnostic and Statistical Manual of Mental Disorders*, 5ª ed. (Washington, DC: American Psychiatric Association, 2013), p. 454.

8. David Brown, "Seven Sex Attacks in Women's Jail by Transgender Convicts", *The Times*, 11 de mayo de 2020, https://www.thetimes.co.uk/article/seven-sex-attacks-in-womens-jails-by-transgender-convicts-cx9m8zqpg; y Salvador Rizzo, "Victim of School Bathroom Sexual Assault Sues Va. School District", *The Washington Post*, 5 de octubre de 2023, https://www.washingtonpost.com/education /2023/10/05/loudoun-sexual-assault-stone-bridge/.

9. Morgonn McMichael, "Trans-Identified Student Attacks Female in Halls of Oregon Middle School", Turning Point USA, 28 de septiembre de 2023, https://www .tpusa.com/live/trans-identified-student-attacks-female-in-halls-of-oregon-middle-school.

10. "Trans Teen Makes History as Homecoming Queen", Representado por CNN, consultado en línea 6 de noviembre de 2023, video, 1:54, https://www.cnn.com/videos/us /2021/10/05/transgender-homecoming-queen-florida-high-school-affil-pkg-vpx.wesh; y Mike Stunson, "LGBTQ+ Students Win Ohio Prom King and Queen in 'Iconic Moment.' Then Came the Vitriol"m *Miami Herald*, 3 de mayo de 2023, https://www.miamiherald.com/news/nation-world/national/article275015231.html.

11. Kristina Watrobski, "Dylan Mulvaney Named 'Woman of the Year' by British Magazine", NBC Montana, 12 de octubre de 2023, https://nbcmontana.com /news/nation-world/dylan-mulvaney-named-woman-of-the-year-by-british-magazine-some-people-dont-see-me-as-a-woman-lgbt-transgender-trans-bud -light-anheuser-busch-beer-attitude-magazine; y Suzette Hackney, "'Be True to Yourself': A Message from the Nation's Highest-Ranking Openly Transgender Official", *USA Today*, 13 de marzo de 2022, https://www.usatoday.com/in-depth/opinion/2022/03/13/rachel-levine-honoree-usa-today-women-of-the-year /6600134001/.

12. Christy Choi, "Miss Universe Will Feature Two Trans Contestants for the First Time", CNN, 13 de octubre de 2023, https://www.cnn.com/style/miss-uni verse-trans-contestants-netherlands-portugal/index.html; Hannah Malach, "Miss Universe R'Bonney Gabriel Crowns First Transgender Winner of Miss Netherlands", Women's Wear Daily, 10 de julio de 2023, https://wwd.com/pop-culture/celebrity-news/miss-universe-transgender-rikkie-kolle-miss-netherlands -1235738824/.

13. G. K. Chesterton, citado en la introducción a Charles Dickens, *The Life and Adventures of Nicholas Nickleby* (London: J.M. Dent & Co, 1907), viii.

14. David K. Li, Erik Ortiz, y Marlene Lenthang, "Police Chief Tells NBC News a Sense of 'Resentment' May Have Fueled Nashville Shooter's Attack at Former School", *NBC News*, 27 de marzo de 2023, https://www.nbcnews.com/news/us-news/nashville-christian-school-shooter-appears-former-student -police-chief-rcna76876.

15. Hannah Natanson y Moriah Balingit, "Caught in the Culture Wars, Teachers Are Being Forced from Their Jobs," *The Washington Post*, 16 de junio de 2022, https://www.washingtonpost.com/education/2022/06/16/teacher-resignations-firings-culture-wars/.

16. Joshua Q. Nelson, "11-Year-Old Reads Aloud from 'Pornographic' Book He Checked Out from Library at School Board Meeting", *New York Post*, 28 de febrero de 2023, https://nypost.com/2023/02/28/knox-zajac-reads-aloud-from -pornographic-book-at-school-board-meeting/.

17. Nikolas Lanum, "Man Forcibly Removed from School Board Meeting by Security While Reading from LGBTQ Book:'Unconstitutional'", Fox News, 23 de agosto de 2023, https://www.foxnews.com/media/man-forcibly-removed-school-board-meeting-security-reading-lgbtq-book-unconstitutional.

18. UCLA School of Law, "New Estimates Show 300,000 Youth Ages 13–17 Identify as Transgender in the US", The Williams Institute press release, 10 de junio de 2022, https://williamsinstitute.law.ucla.edu/press/transgender-estimate-press-release/.

CAPÍTULO 12: LA LUCHA CONTRA LOS ÍDOLOS

1. *Merriam-Webster*, s.v. "idol (n.)", consultado en línea 24 de enero de 2024, https://www .merriam-webster.com/dictionary/idol.

2. Fyodor Dostoevsky, *The Brothers Karamazov*, Bantam Classics ed. (1880; repr., Nueva York: Bantam Dell, 2003), p. 419.

3. Charles Kingsley, *Alton Locke, Tailor and Poet: An Autobiography* (Oxford, 1856; Project Gutenberg, 2016), Prefatory Memoir, https://www.gutenberg.org / cache/epub/8374/pg8374-images.html.

CAPÍTULO 13: LA LUCHA POR LAS HEROÍNAS

1. *Alice in Wonderland*, dirigida por Tim Burton (Burbank, CA: Walt Disney Studios Motion Pictures, 2010), DVD.

2. G. Michael Hopf, *Those Who Remain: A Postapocalyptic Novel* (autopublicación, 2016), p. 18.

3. Jordan B. Peterson, "Tyrant Contra God Biblical Series: Exodus Episode 1", 23:37–26:17, Daily Wire, 25 de noviembre de 2022, https://www.youtube.com/ watch?v=GEASnFvLxhU; Dovie Schochet, "Who Were Shifra and Puah, the 'Hebrew Midwives'?", consultado en línea 24 de enero de 2024, https://www. chabad.org /parshah/article_cdo/aid/3555182/jewish/Who-Were-Shifra-and-Puah-the -Hebrew-Midwives.htm; Shira Schechter (moderadora), "Were

Shiphrah and Puah the First Righteous Gentiles?", The Israel Bible, 19 de diciembre de 2021, https://theisraelbible.com/were-shiphrah-and-puah-the-first-righteous-gentiles/.

Acerca de la autora

Lisa Bevere es una oradora conocida internacionalmente y autora de éxitos de venta del *New York Times* como *Sin rival, Ferozmente amada, Madrinas, Mujeres con espadas, Se despierta la leona,* y otros. Es copresentadora del *podcast Conversations with John & Lisa Bevere,* es una invitada frecuente en *At Home with the Beveres,* y presenta el *podcast Lucha por lo femenino.* Es cofundadora de Messenger International, que ha regalado más de 65 millones de recursos, y lanzó MessengerX, una *app* de discipulado que llega a 238 países en 129 idiomas. Lisa ha empoderado a mujeres por más de cuarenta años, y ha sido presentada en *Life Today, Better Together, Hallmark's Home and Family,* el *podcast Dream Big Podcast with Bob Goff and Friends,* y *That Sounds Fun with Annie F. Downs,* al igual que en la revista *Relevant* y otras. Sobreviviente de cáncer y narradora valiente, Lisa lleva casada con su esposo, John, más de cuarenta años, y tienen cuatro hijos y nueve nietos.

Conecta con Lisa:

- LisaBevere.com
- LisaBevere
- LisaBevere
- LisaBevere
- LisaBevere